# スコットランドに響く和太鼓

## 無限響《MUGENKYO》25年の物語

ウイリアムス春美

芙蓉書房出版

当時のメンバー、ニール、美雪、テリーザ
プロモーション用に作ったもの（2003 年）
撮影：コリン・ホワイト

車屋正昭先生と共演（1999 年）

ノッティンガムでテレビ出演
（2000 年）

滋賀県近江八幡市の左義長祭りに
参加するニール
（2003 年）

美雪とニールの演奏（ウェールズの劇場）（2003 年）
撮影：ショーン・グレゴリー

チャンネル諸島へ出発（2003 年）

道場では猫がお留守番（2004 年）
撮影：ジョニー・ウェールズ

太鼓道場オープン
（2005 年）

グランストンベリー音楽祭には
弟健次夫妻も参加（2007 年）

テリーザのダイナミックな演奏
（2007 年）
撮影：マーク・フェルティ

健次の妻ラーレ小夜子はベリーダンスで共演（2010年）
撮影：コリング・ロバートソン

ジャズオーケストラと共演（2010年）

無限響20周年コンサートには車屋先生も参加（2014年）

**和太鼓トカラと共演**

バックストン・オペラハウスで（2016 年）

ウェストン・スーパーメアー劇場で（2016 年）

ウェストン・スーパーメアー劇場で（2016 年） 撮影：マーティン・レイノルズ

マルタ島でコンサート（2017 年）

福島うねめ太鼓をスコットランドに招待して共演（2017 年）撮影：ヴィヴ・コットン

太鼓道場での太鼓教室（2017 年）

ツアーの合間　ベビーシッターの筆者も無限響メンバー（2014 年）

七五三を祝う（2016 年）

# プロローグ　無限響の新年パーティ――二〇一七年

「二、三日前に着くように来てね？　無限響《むげんきょう》の新年パーティをやるのよ」

二〇一七年一月、私は娘、ウイリアムス美雪が暮らすスコットランドに向けてワシントンを出発した。二十七日の午後グラスゴーに着くと、パーティは二日後だという。

「バックスターが生まれてからの五年間、パーティなんかやらなかったのよね。二年半後にマイロが生まれてからはもっと時間がなくなって……」

久しぶりのパーティの準備に、美雪と夫のニールは大わらわだった。

「無限響を長く続かせるためには、みんなが仲間意識を感じられるようにしなくちゃね。子どもが生まれる前はいろいろとやっていたんだけど、この五年間はサボってきたような気がするの。でも将来のことを考えると、いま何かやらなくちゃやって思ったの。無限響も私たちの子供なんだから」

「無限響」は、美雪とスコットランド人ニール・マッキーが一九九五年に立ち上げた和太鼓の演奏グループである。今年で創立二十三年になるが、スコットランドを中心にイギリス各地で演奏ツアーに出かけ、海外でも演奏活動を行っている。

現在、無限響は、ニールと美雪ら六人のツアー・メンバー、サブレベルの研究生八人、太鼓教室の生徒の中から特に優秀な者九人、この二十三人を無限太鼓道場のメンバーとしていて、パーティはその人たちのためなのである。

新年パーティの会場は、無限響の道場だが、ニールと美雪が以前住んでいた家を開放し、希望者にはそこに宿泊もできるようにした。太鼓クラスのレギュラーの生徒約六十人全員を招待するわけにはいかないので、無限太鼓道場メンバーに参加を呼びかけ、約二十人が集まることになった。

一月二十九日夕方、若者たちが集まりはじめた。それぞれ食べ物か飲み物を一品づつ持ってくることになっている。美雪は日本の巻き寿司をご馳走したいという。私は頼まれた海苔をたくさん持ってきた。美雪は、あっという間に二十本もの寿司を巻き、手際よく切ってテーブルに並べた。スコットランドでも寿司はかなり知られてきたが、近所に食べられるところはまだなかった。和太鼓に興味のある若者たちは寿司にも興味を示し、美雪が大きな皿を持って現れた時には一斉に歓声が上がった。

バックスターとマイロの二人の子どもたちも、無限響のメンバーたちとは仲良しで、自分の欲しいものを取ってもらって大満足だ。

遅れて到着したメンバーも揃い、にぎやかな雰囲気のなか時間が過ぎていく。

大人気の巻き寿司がなくなったところで、太鼓で遊ぼうということになった。誰かが「流れ星」をやろうと言った。ニールが「誰が出来る？」と聞くと何人かの手が挙がった。彼らがバチを手にして並び、ニールの掛け声で「流れ星」の演奏が始まった。それが終わると、「今度は屋台囃子」という声がかかった。これも同じように即座に演奏する。さすがにプロ、と感心してしまった。最後の「祭り」では子どもたちも演奏に加わった。

太鼓遊びが終わると、「着物が着たい！」と誰かが言った。「私も！」「私も！」次々と声が挙がる。美雪はニコニコしている。

「そう？　じゃ着物を出してくる。着たい人は隣の部屋に来てちょうだい」

やがていくつもの大きな包みを持ってくると、「ママ、手伝って！」と私に応援を頼んできた。

美雪は手早く、洋服の上から着物を着せている。細かいことを言っている暇はない。私もとにかく着せることに専念した。

何年か前、美雪から「ママ、いらない着物ない？」と電話がかかってきたことがあった。何枚か送ったことは覚えているが、こんなにたくさんではなかったはず。それで思い出した。以前美雪がワシントンに来た時、私の友達に頼んだことがあった。

「私の娘がスコットランドで太鼓をやっていて、メンバーの人たちが着物を着たいというの。いらない着物があったら買いたいって言ってるんだけど……」

亡くなった母親が残してくれた着物をアメリカに持ってきていた人がいて、美雪はその人から成人式の着物を買ったのだが、ついでに何枚か余分に買ったらしい。私はすっかり忘れていたが、美雪はそれを大切に持っていたのだ。

着付にはいろいろな小物が必要だが、紐なども十分に揃っていたので、いつの間にと私は感心した。「ママは帯を結んで」と言われたが、これがなかなか難しかった。着物に合わせた帯があるわけではないので、全く色の合わないもの、立派すぎて硬すぎるもの、短かすぎてすぐに崩れてきてしまうものもある。どうやらこうやら六人の着付を終わらせることができた。

ゲイの男性が着物を着たいと言い出した。どうするのかと見ていると、美雪は皆と同じように着せ始めた。ゲイとはいえ、体は男性なので、前が合わせられず大変だったが、なんとか着せると、その青年はことのほか喜んだ。夢幻の世界なのかもしれない。

私たちが着物の着付けに奮闘している間、他の人たちは道場をディスコ・ホールに変える飾り付けに忙しく働いていた。着物を着せてもらった人たちもディスコダンスに興じていた。私や子供たちはもう眠くてついていけなかった。美雪やニールもメンバーたちと一緒に踊りまくっていたようだった。十人は泊まり込んだらしい。

翌日は皆、昼ごろ起きてきて、それからパーティの後片付けをし、すべてのメンバーが帰った頃はすでに薄暗くなっていた。疲れ切っていてもまだあちこち走り回っている美雪に私は声

着付けに悪戦苦闘する美雪と興味深そうに見ているバックスターとマイロ

ご満悦の無限太鼓道場のメンバー　バックスターも割り込んで

をかけた。

「大変だったでしょう？」

「でも、やってよかったわ。やっぱりこういうのが必要だったのね。これから毎年クリスマス・パーティかニューイヤー・パーティをやるべきなのよ。そうすればもっと絆が強くなっていくでしょう。今よりもっと強い絆を感じてもらわなきゃ困るのよ、これから二年間。二〇一九年まで頑張らなきゃ」

「二〇一九年に何があるの？」

「無限響の二十五年目なの。その年まではどうしても無限響を続けていきたいのよ。だから頑張らなきゃ」

そうか、もう二十五年も経つのか。最初は二人だけで始めたのに、今は常に六人か七人のメンバーで、ロンドンやエジンバラの一流の劇場から遠い田舎町の小さな劇場まで数え切れないところで、二時間のコンサートを一年に百回以上もこなすほどのグループに成長した。太鼓グループが増えたとはいえ、これだけのコンサート回数をこなせるグループはまだ一つもない。

美雪とニールが太鼓を教えた生徒も数え切れない。なかには、インターネットで尺八も習い初め、去年教授の免許を取るほどに上達した者もいる。太鼓演奏に尺八は欠かせないので、彼は重要なメンバーとなる。無限響はこれまでに四枚のＣＤと三枚のＤＶＤもリリースしている。

太鼓の演奏を始めた当初、イギリスには無限響しかなかったが、いまや三十以上の太鼓グループがある。ヨーロッパ太鼓大会というイベントも開かれるようになった。そしていつの間にか、私も脇役の孫守りとしてメンバーの一員になっている。

美雪は二〇一六年一二月、イギリス南部にあるエクセターで開かれるヨーロッパ太鼓大会の会議に出席するため家を留守にした。その会議の参加者は、ベルギー四人、イギリス一六人、フランス七人、ドイツ一五人、ハンガリー三人、イタリー二人、北アイルランド一人、スコットランド九人、スペイン五人、スウェーデン六人、スイス五人、ウェールズ四人。計七七人。たいした人数である。企画したのはジョナサン・カービイというイギリス人で、無限響がロンドンで太鼓を始めた頃に関係のあった人物である。この会議には日本からも、宮本太鼓と元鼓童のメンバー二人、アメリカからも三人が指導者として招待されていた。参加者たちは四日間にわたって、太鼓に関する講義、ワークショップを催し、夜はほとんどのグループがパブで情報交換を行った。

この会議は今回が二回目だが、一回目が開かれた二〇一四年は次男マイロが生まれたばかりだったので美雪は参加しなかった。初めて出席した美雪はたくさんのことを学んだ。まず驚いたのは、イギリス、スコットランド、ウェールズのほとんどの太鼓グループの設立者は無限響と何らかの関係のある人だったことだ。美雪は時代の大きな流れを感じた。新たな困難の到来も予感したが、イギリス経済が下降している折柄、仲良く協力し合い、困難な時期を生き延びようとしていると美雪は感じた。どんな困難が待ち受けていても、無限響は始めた以上二十五周年を迎えるまで続けると決断したのだ。どうしても頑張らなければならない。そして私も、二十五周年記念の演奏会が終わるまでは、乗りかけた船を漕ぎ続けることにした。

この本は、そんな無限響のお話である。

スコットランドに響く和太鼓　目次

## 1

# 美雪とニール
# 和太鼓と出会う

京都・東寺（1993年）

## 「そんな男との付き合いは止めさせろ」

「高校を卒業してすぐに大学なんて、ちょっと早すぎるんじゃない？　すこし社会の経験をつんでから行く方が勉強の効果もあがるかもしれないわ」

一九八七年、アメリカのインターナショナル・スクールの高校を卒業し、オックスフォード大学への入学が決まっていた美雪がこう言い出した。

私は、そんな考え方も一理あるかと思い、友人に相談した。そのご主人はワシントンの世界銀行のディレクターで、その前はニューヨークにある日本の銀行の支店長だった。

「ああ、そうね。お嬢さんは日本語もできるし、私の主人に頼んであげるわね」

この友人のご主人の計らいで、美雪はロンドンにある日本の銀行の支店で一年間働くことに決まった。しかし正直なところ、美雪はあまり嬉しくはなかったようである。ロンドンには行きたいが、親の世話にはなりたくないと思っていたようだ。結局、彼女はこの話を受け入れてロンドンに移っていった。

美雪は、昼間は銀行で働き始めた。日本人の同僚ともうまくいっていたようである。仕事が終わった後は自由奔放に動き回り、たくさんの友達ができたようだ。その一人がニールという青年だった。

高校を卒業しているのだからボーイフレンドがいてもおかしくない。いない方がかえっておかしいだろう。それまで受験勉強に追われていた美雪に、この青年はとても新鮮に映った。それまでに出会った男性とは全然雰囲気が違っていたのだ。

しかし誰が見ても、アメリカで最高の教育を受けた美雪にふさわしい男性とは思えなかった。その頃イギリス人と結婚してイギリスでピアノ教師をしていた私の妹がまず異議をとなえだした。

「母親として何とかした方がいいんじゃないの？」

ニールは高校も卒業していなかったが、そんなことは何とも思わず、ひたすら自分のやりたいことに突き進むという性格の持ち主だった。ドラマーとして最初に入ったバンドが故郷ブリストルで大成功をおさめ、あちこちで引っ張りだこになった。レコードをリリースもしていた。しかしニールはその程度では満足しなかった。ロンドンに進出したかったのだ。しかし、バンド仲間にはそこまでの情熱はなかった。結局一人でロンドンに出て、ナイトクラブで演奏をするようになった。そこで美雪に出会ったのである。

美雪は、自分のやりたいことに突き進んでいるニール、見栄をはらず、嘘は絶対につかず、約束は必ず守るという信念の男ニールに、すっかり惚れ込んでしまったらしい。美雪は自分が十歳も年下であることなど全く気にしなかった。

一年後、美雪は銀行を辞め、オックスフォードに住居を移し大学に通い始めた。しかし、ここは自分には合わないと言って、わずか一年二ヶ月でロンドン・スクール・オブ・エコノミクスに籍を移してしまった。

再びロンドンでの生活を始めた年の夏休み、美雪とニールがワシントンへ来ることになった。彼女の弟の健次が高校卒業記念にバイオリンの演奏会を開くことにしたので、その応援のためである。

美雪がニールと付き合うようになってから二年は経っていたが、大した喧嘩もせず、うまくいっていたようだ。美雪の父親やイギリスに住んでいる私の妹などは、ニールのことをあまり快く思っていなかったようではあるが、そんなことにはお構いなく、二人はますます関係を深めていった。

その頃、美雪はこんなことを言っていた。

「ニールとの付き合いは好き嫌い以上の思い入れがある。自分はラッキーな環境に育ち、最高の教育を受けられたのも全て親のおかげと感謝している。しかしロンドンに来てから、自分より不幸な環境の中で育った若者が多いのに驚いた。ニールがその一人だった。そんな環境で育ったニールに自分の幸運を分けてあげたい」

美雪は自分が行くところへは必ずニールを連れて行った。アメリカへ連れてきたのも、自分と同じ経験をさせたいからだったようだ。

初めて会うニールを見て、私はギョッとした。オレンジ色の髪に、ズボンもオレンジ色。ニールはこの奇妙な格好でどこへでも行ったった。健次の演奏会にもそのまま行ったので、客は驚き後々までその様子が話題となった。しかし、家の中では、優しく、心配りも細やかで、ことあるごとに「お手伝いしましょうか」と申し出るような若者だった。

ある日、レストランでのランチの席で「ニールのアン・ラッキー（不幸）な人生ってどんな人生？」という話題になった。

ニールは三人兄弟の末っ子。小さい時からやんちゃ坊主だった。本を読むのは大好きだったが、学校が大嫌いで何かと理由を作ってはサボって街中をぶらつくような少年だった。父親も母親もいわゆる中産階級で、母親は真面目な公務員、父親は建築業に携っていた。家族はイギリス西部の港湾都市ブリストルに住んでいた。

ニールが十五歳の頃、父親が、面白くもない仕事で一生を過ごすよりは、パブ（居酒屋）を開いて楽しく人生を終わらせたいと言いだし、夫婦の間は気まずくなった。父親は大のアルコール好きで、母親は生真面目なクエーカー教徒だった。母親はパブを開くことだけはやめてと懇願したが、父親は反対を押し切って家を売り払いパブを開いてしまった。パブを経営する男を夫に持つことさえ同意出来なかったのに、そこで手伝いをさせられそうになった母親は家を出ることにした。その時子供たちに、どちらと一緒に住みたいか自由に選ばせることにした。

上の二人は母親と一緒に家を出、一番下のニールは父親の手伝いをしたいと言って残ることにした。結局、家族はばらばらになった。

それからのニールは、学校から戻るとすぐにパブの雑用をするという生活になったが、いやではなかったという。

そんな生活が二年ほど続き、ニールが十七歳になったある週末、友達とサッカー・ゲームを見に行って帰ると、家の中は空っぽで、父親の姿は見えなかった。ニールが近所の人に聞き回ってわかったのは、父親が昼頃、車に家具を乗せてどこかへ行ってしまったということだけだった。家の中には家具一つ、残っていなかった。

その家は借家だったので、ニールは行き場所を探さなければならなくなった。母親のところに転げこむことも考えたが、今さらそんなことも言えないという気持があった。それに学校をどうするのか。高校卒業まで三ヵ月しかない。学校など大切だと思ってはいないニールだったが、先生にも友達にも明日から辞めるとは言えない。困りきっているニールを見て、近所の同級生の親が自分の家から学校に通って高校を卒業するようにと手をさしのべてくれた。こうして、行き場のなかったニールの新しい人生が始まることになった。

しかし、たとえ友達の家とはいえ、他人の家から学校に通うことは独立心の強いニールには耐え難かった。父方のスコットランド人の祖父の家にも行ってみたが、やはり居心地が悪かった。人の厄介になるよりは自分で稼いで独立したいという気持が強くなり、退学という道を選ぶことにした。それからはとりあえず雇ってくれる所で働きながら一人で暮らした。

他人の世話にはならなかったが、生活は楽ではなかった。高校中退で出来る仕事は、物を運んだり、詰めたり、穴を掘るなどの労働、それも常にパートタイマーだった。それでもニールはひとつの願い事を心に秘めたまま貧しさに耐えた。その願い事とは「絶対に父親を見つける」ということであった。「どうして一人で出て行ったんだ？」という疑問を投げつけたかったのだ。

日雇いの仕事が終わると、ブリストルの街をあてもなく歩き廻る毎日。そんな生活が五年も続いたある日、風の噂で父親は自分の生まれ故郷のグラスゴーに行ったと聞いた。ニールはそれを聞くとすぐグラスゴーに駆けつけ、グラスゴーの街中を歩き回った。数日後、向こうから父親が歩いて来るではないか。ニールは目を疑った。五年間も会っていなかったので、見かけも全然違っていたが、確かに父であった。ニールは「親父！」と呼びかけた。父親の方もびっくりして足を止め、信じられないという眼差しでニールを見つめた。ニールはそれまでいつも胸に深く秘めていた疑問をぶつけた。

「どうしてぼくを置いて黙って出て行ったんだ？」

父親はその質問を受けるのを待っていたかのように淡々と答えた。

「お前はあの頃も、もうすでに立派な大人だったたし、仕事もよくできた。だから絶対に一人でも生きていけると思ったんだ」

パブの仕事がうまくいかず、借金が増えて返せなくなり逃げたのだという。「また会ってくれる?」と聞くニールに、父親は「グラスゴーで昔の仕事、建築業の仕事をしている。ブリストルに来る機会があれば会うよ」と答えた。「父親にまた会える」という希望がそれからのニールの生きる力となった。

ニールの日雇いの生活は楽ではなかった。そんな生活に耐えられた理由の一つは、小さい時から好きだったドラムをたたくことができたことだった。元々リズム感が良かったのか、めきめき上達してドラマーとして音楽活動も始められるようになってきていた。

声がかかればどこへでも出かけるようになり、最初はブリストルのグループに入った。そのグループはだんだん有名になり、ニールはロンドンに出ようと提案したが、メンバーはブリストルを離れることを躊躇した。仕方なく、ニールはこのグループを脱け、一人ロンドンにやって来た。昼間は日雇いの仕事をし、夜はクラブでドラムをたたくという生活を続けざるを得なかった。そして時々行くクラブで美雪と出会うことになったのである。

美雪は、ニールの話に感動し、自分の人生がいかにラッキーだったかということを思い知らされた。彼に同情すると同時に、離婚は子供に対して無責任な行為であることを痛感した。しかし実際には、美雪がロンドンに出発する前、私たちは離婚するかどうかファミリー・カウンセリングを受けており、美雪も参加していたので、自分の両親の離婚という現実に直面していた。離婚は子供には無責任な決断になるとはいえ、彼女はニールが置き去りにされた年より分別のある年齢にあったし、ニールよりも充分責任をもって育てられてきたことは大きな違いだった。ただ自分の親と自分たちの離婚問題は身につまされてよく理解でき、同情もできたに違いない。

レストランを出る時、美雪は言った。

「自分のラッキーな人生は両親のおかげだと思うけど、ニールの不運な人生を共有してあげたいの」

それが何を意味するのか母親の私にはよく分からなかったが、それからの美雪を見ていると、いつもニールと一緒にいて、彼の人生を共有する、そして彼の不運の埋め合わせをしてあげることなのだと理解した。

ニールの音楽への情熱の純粋さに美雪は感服し、魅せられた。そのような情熱を持った人に会ったことはなかったからである。

美雪が銀行を辞めオックスフォード大学に通うためにロンドンを離れた後も二人の交際は続いた。母親の私は、彼女の能力を伸ばしてくれるような男性であるならどんな人でもいいと思っていた。娘を絶対的に信用しようとしていた。しかし周りはそうはいかないようであった。大学時代の美雪を知る私の友人、当時イギリスにいた私の妹、妹のイギリス人の主人と彼の家族や友達は、美雪を心配し、直接本人に、時には間接的に私に忠告してくれていた。

「あまりいい相手ではないわよ。美雪の将来によくない。かえって妨げになるでしょうよ」

「せっかくオックスフォード大学を卒業しても、オックスフォード大学の卒業生にふさわしくないと周りに受け入れられないかもしれなくてよ」

そしてとうとうこの噂はワシントンＤＣの世界銀行で働いている美雪の父親の耳に入った。美雪の父親はイギリス人。オックスフォード大学に入学が決まった娘を自慢に思っていたのであるから、高校も出ていない男に娘を取られそうだということを快く思うはずはなかった。とはいえ、娘に面と向かって意見することはしないで、私に不満をぶつけてきた。

「そんな男との付き合いはやめさせろ！」

## ＪＥＴプログラムで日本へ

どうにかして離させろと言われても、私は、ニールといることが娘の将来の心の支えになるのであればそれで構わないという考えであったから、しばらくはそのままにしていた。その間も二人の仲はますます深まっていったようだった。

私はその頃、アメリカの大学で日本語を教える仕事をしていた。そこで日本政府のＪＥＴプログラムを知った。

ＪＥＴプログラム（The Japan Exchange and Teaching Program）とは、外務省・総務省などの協力のもとに、主に英語を母国語とする大学卒業者を日本に招くという事業で、一九八七年から実施されていた。外国語指導助手、国際交流員、スポーツ国際交流員として学校、地方自治体で活動する。

実際、ＪＥＴプログラムに参加したいという学生のために推薦状を書いたりもしていたので、このプログラムに美雪を参加させることを思いついた。美雪が日本に行けば、自然に二人は離れ、それぞれの道を歩むことになるだろう。さっそく娘に電話をした。

「卒業したらすぐ働かないで、日本のＪＥＴプログラムに参加してみたらどう？」

それを聞いた美雪は、日本は大好きだし、ぜひ行きたいという。アメリカではこの事業はよく知られているが、イギリスはどうなのだろうか。

イギリスの大学は三年で卒業になる。卒業間近の美雪はすぐにロンドンの日本の大使館に問い合わせ、このプログラムはイギリスでも始まっていると知るとさっそく申し込んだ。すぐインタビューがあり、合格になったが、あろうことか、ボーイフレンドも一緒に行きたいと言っていることを告げた。大使館としてはボーイフレンドの旅費や生活費までは出せないけれど、日本へ行って、日本の何らかの文化を学べば、文化ビザを取ることができ、観光ビザよりは長期滞在の可能性があると教えてくれた。

一方、ニールは、前々から日本にとても興味を持っていて、つとむという日本人の友達もいた。美雪が日本へＪＥＴプログラムで行くと決まると、ニールは東京にいるつとむを頼って、美雪よりも一足先に日本へ発ってしまった。美雪は一足遅れて日本へ発ち、群馬県館林市に住む祖母を訪ね、それから日本政府から指定されていた福井県福井市に向かった。一九九二年七月の暑い盛りの頃だった。

美雪が下宿先に落ち着くと間もなく、東京にいたニールもやってきて同居を始めた。ＪＥＴプログラムを紹介した魂胆は、ニールと別れさせようということだったのに、それはまんまとあてが外れてしまった。

## 車屋正昭先生の和太鼓との出会い

一九九二年、二人が落ち着いた福井市ではあちこちで夏祭りが盛んに行われていた。学校も夏休みで時間的な余裕があり、二人はできるだけ外に出かけ、日本の夏祭りの雰囲気を味わい楽しんだ。祭りに太鼓はつきものだが、その時には彼らは太鼓の音に特にインパクトを感じたわけではなかった。

八月も末になると美雪の学校も始まり、ニールも何かしなければと思っていた時、福井に来てから偶然知り合いになったイギリス人が急に本国へ帰らなければならなくなり、ニールに彼の仕事を引き継いでくれないかと頼んできた。その仕事とは、英会話を教えることだった。ニールは一も二もなく承諾した。

ニールはそれまで英会話を教えた経験はなかったが、とにかく一生懸命やった。そのクラスに田中和代さんという女性がいた。偶然にも美雪が英語を教えているクラスには彼女の娘さんがいた。

和代さんは現在はＮＰＯ福井女性フォーラムの理事長で、ＤＶシェルター、発達障害者の就労支援施設「さくらハウス」、引きこもり者のためのフリースペース「トゥモロー」などの運営責任者を務めている。また障害や福祉関係の本が何冊も出版されている。美雪たちがお世話になった頃は、臨床心理療法士として福井市の大学の非常勤講師や専門学校のカウンセラーとして働き、ライターとしても読売新聞などにコラムを書いていた。

福井市を訪れる外国人の世話などもよくされ、ニールと美雪がここに住居を構えた当初からあれこれと面倒をみてくれた。自分の古い車を無料で提供してくれたり、あちこちに連れて行ってくれたりと、二人は和代さんを「魔法使いのお母さん」と呼んでいた。和代さんは嫌がりもせず、「お母さん」じゃなく、「お姉さん」と呼んでねと笑顔で応えてくれた。それからは「魔法使いのお姉さん」と呼んで甘えるようになった。

英会話のクラスがあったある日、和代さんはニールがイギリスでバンドのドラマーだったことを知った。日本にも太鼓がある、近々演奏会があるから行かないかと誘った。興味を示したニールと美雪が行ったのが、車屋正昭《くるまやまさあき》さんの響太鼓の演奏会だった。こんな音楽を聴くのは生まれて初めてだった。この太鼓はニールが叩いていたリズムとは全く違っていた。二人は釘付けになった。

演奏が終わるとすぐに舞台裏に行った。いかに素晴らしかったか言わずにはいられなかったのだ。和代さんはそこでニールと美雪を車屋先生に紹介した。二人は握手をかわすと、ニールは即座にこう言った。

「先生、そのすばらしい太鼓を教えて下さい！」

ニールの必死の嘆願に、全然英語の話せない車屋先生はちょっと戸惑ったようだったが、美雪がニールの思いを丁重に伝えると、美雪が通訳として付いて来るならばという条件付きで入門を許してくれた。そして、握手の手を緩める前にこう言った。

「君はいまにロンドンで和太鼓をたたくようになりますよ」

ここで車屋正昭先生について紹介しておきたい。

車屋正昭先生は福井県福井市に一九四九年に生まれ、一九六九年の高校を卒業と同時に繊維会社に勤め、そこで和太鼓に出会いすっかり魅了させられた。二十歳の時に会社の仲間と一緒に同好会を作り太鼓の練習に励んだ。当時、福井県と石川県の県境あたりでは、石川県の祭りで流行っていた虫送りという叩き方を桶胴太鼓で、福井県の三ツ打ちという叩き方を長胴太鼓（伏せ太鼓）で演奏していたのを一緒に演奏するという奏法が流行っていた。

働きながら合間を見つけては練習に励んでいた車屋さんに、近辺にあったプロの九頭龍太鼓など太鼓グループから声がかかるようになり、温泉地などに出かけては演奏経験を重ねていった。そして一九七六年、福井県の太鼓競技会の個人の部で一位になったのである。福井県の伝統である三ツ打ちという叩き方は太鼓音楽にとって非常に大切なものであり、日本の伝統技法として守り、さらに世界に広めることを自分の使命とも感じたと車屋さんは言っている。

車屋さんは和太鼓に出会う前はジャズに興味を持っていて、トランペット奏者でもあった。

車屋正昭先生のプロフィールを紹介しているパンフレット

そのためか、ジャズとの共演も試みるなど斬新な考えを持っていた。三ツ打ちは個人打ちとも言われ、元々は一人での演奏が可能な技法でアドリブで演奏できるところが、ジャズ好きの車屋さんにはぴったりだったのである。

一九八一年、三十二歳の時、「響太鼓」という太鼓グループを立ち上げた。美雪たちが車屋さんと出会った一九九二年は響太鼓結成十一年目だった。美雪たちが車屋さんから三ツ打ち、つまり個人打ちを教わったことはロンドンで二人だけでも活動を継続することができるテクニックを身に付けたということだった。

美雪たちがイギリスに帰った後、車屋さんはそれまで勤めていた会社を退職し、若者を育てることに専念することになった。それからは地元に限らず日本各地でコンサートを行い、フランス・カンヌでの日本文化フェスティバルやフイゾレの円形劇場、イタリア・ジェノバ地中海芸術祭でのコンサートなど海外でも盛んに演奏活動を行っている。美雪たちの無限響を育てた後、イタリアの響心道チームも育て上げている。

車屋さんは、心を共振させる「太鼓道」を追求するという理念のもと、礼儀をとくに重んじている。稽古場を「太鼓道場」というのもその証しであろう。いまでは、車屋さんの指導を受けるために世界中からたくさんの人が来ているという。

一九九八年、九九年には無限響の一員として演奏活動を行ったことが評価され、無限響とともにジャパンフェステバルアワードを受賞している。

さて、美雪たちも日本にいくらかなじみ始めた頃、九月になり、美雪が教えることになった学校が始まった。同時に、ニールの太鼓のレッスンも始まった。その頃の車屋先生のレッスン代は一回一万円。ニールに払えるわけはなかった。何しろ働いてはいけないビザなのだから。そこで車屋先生は特別に無料で教えることにしたのである。その代わり、車屋先生もいつかイギリスに行きたいので、その時は助けてもらいたいとのことだった。そんな条件で本格的なレッスンが始まった。

車屋先生も、ニールの滞在期間が一年か二年ということだったので、特別に長時間教えてくれたようだ。バンドでドラムをたたいていたといっても、太鼓とは叩き方もリズムも全然違うので一から学ばなければならなかった。それが刺激となって毎日夢中で練習した。美雪も通訳としてついていったから、練習は学校が終わった後の夜か週末になった。道場でレッスンを終え帰ってきたニールは、段ボールで作ったドラムで時間のある限り練習を重ねた。

バンドで鍛えてきた手法も手伝って太鼓の技術はめきめき上達していった。三ヵ月もすると、車屋先生が演奏を頼まれると一緒に演奏するようになった。ニールはたちまち日本人の間で人気者になり、車屋先生は外国人の弟子を育てた師匠としても評判になり、二人は組んでどこへでも出掛けるようになった。日本の文化を学びたい外国人のための文化活動ビザも難なく取れた。

美雪の契約は一年間だったが、もう一年延長することが決まり、ニールも二年間じっくり太鼓修行をすることになった。

通訳として車屋先生の道場に通っていた美雪に、ある日、「あなたも叩いてみたら？」と車屋先生が声をかけた。その言葉に背中を押されて叩き始めた美雪も、太鼓に夢中になってしまった。

車屋先生は、紹介されてニールと握手した時、何を感じたのか、「君は将来ロンドンで太鼓を叩く人になるでしょう」と言ったが、教える意気込みは特別なものだった。ニールも期待に応えるように、とにかく練習に打ち込んだ。

車屋先生は、二人が将来ロンドンで太鼓のグループを立ち上げた時には、グループ名を自分の「響太鼓」の一文字を使って「無限響」としなさいとまで言ってくれた。

## 太鼓をイギリスに持って帰りたい！

二年間の滞在期間が終わろうとしている。二人は、自分たちの太鼓が欲しい、イギリスに持って帰りたいと思うようになった。しかし、良い太鼓は少なくとも一張六十万円はする。二年間働いて貯めたお金はイギリスに帰る途中、東南アジアを訪ねるために使う計画だった。太鼓を買ってそれをあきらめればよいのだが、再びアジアを訪れる機会などないかもしれないと思うと、このチャンスも逃したくなかった。

悩んだ美雪たちは魔法使いのお姉さんの和代さんに相談した。

「新聞に出したらどうかしら。『自分たちはイギリス人で、二年間太鼓を習った。太鼓を持って帰ってイギリス人に太鼓を教えたい。けれどその太鼓を買うお金がない』と」

和代さんは、美雪やニールが和太鼓を必要としていることを福井新聞などの新聞社に記事にしてくれるように頼んでくれた。連絡先として和代さんの電話番号も書いてもらうことにした。

新聞に掲載されると、その翌日から「新聞を読みました」という電話が和代さんのところにかかってきたが、興味は引かれるものの、太鼓を買うお金を寄付しますなどという奇特な人はいなかった。しかし、こんな申し出があった。

「先祖代々受け継いできた太鼓がある。飾りにはなっても叩けないかもしれないが、よかったらどうぞ」

「親から譲り受けた物だけれど、今まで散々使って何度も修理した代物。大事に使わないとすぐ駄目になってしまうかもしれないけど……」

一週間待ったが、この二つの太鼓の寄付の話しかなかった。とてもありがたい話であり感謝はしたが、これからプロとして叩いていく太鼓としてはちょっと不適当のようだ。

そんな時、和代さんに吉田さんという男性から電話があった。

「あの記事を読んで感心した者なんだが、今までに何個くらいの太鼓が集まったね？」

和代さんは正直に答えた。

「まだ二個しか集まらないんです。それも二つとも古いので使い物にならないようです」

「そうか……。じゃ、オレが金を都合するから二人を連れて来てくれないか」

和代さんが二人に事情を話すと、美雪とニールはその日のうちに福井市から車で三十分ほどの三国町（現坂井市）にある吉田さんという人の家の門を叩いた。門を叩くという表現に相応しい大きな頑丈な門構えの家だった。

三人が勧められて深々とした革製のイスに座ると、「飲め！」と、ニールにだけビール瓶を渡した。ニールはびっくりして戸惑ったが、素直に受け取り、一口飲んだ。

「オレは今までさんざん悪いことをしてきた。だがあの新聞記事を読んで外国人が日本の文化に興味を持ってそれを自分の国に広めようとしていると知って心底感心してしまったんだ。それでちょっぴりいいことをしたいと思ってね。それで、太鼓ってどのくらいするものなんだね？」

「そうですねえ、一張六十万円はするようです」

美雪が答えた。

「そうか……」

男性は立ち上がると席を離れ、すぐ戻ってきた。手に白い封筒を持っている。

「ハイ、六十万円。領収書はいらねえよ」

ニールも美雪もしばし言葉が出なかった。

それからのことはよく覚えていないほど興奮した二人はその家を出て、その足でまっすぐ浅野太鼓の工場に向かった。

浅野太鼓の工場は石川県松任市（現白山市）にある、江戸時代から続いている和太鼓製造メーカーである。その日は日曜日だったが、とにかく行ってみよう。もしかしたら社長の浅野さんはいるかもしれない。工場はやはり閉まっていたが、一部屋だけ明かりがついていた。二人がそーっと中を覗くと、中には車屋先生と浅野太鼓の専務が何か重大事でもあるように話し込んでいた。二人はすぐにドアをドンドン叩いた。中の二人はびっくりしたようだったが、ドアを開けてくれた。車屋先生が「どうしたんですか？」と聞くのと同時に二人は叫んだ。

「太鼓を売ってください！　太鼓を買うお金あります！」

　それから四人で太鼓の話になった。専務が車屋先生に聞いた。

「どんな太鼓がいくつ必要なんでしょうか？」

「そうですねえ、最低、長胴と桶胴とつけ締めの三張は必要でしょうね」

「そうですか」と専務が唸る。

「その三張りの太鼓でいくらぐらいになりますか？　この際うんと負けてあげてくださいよ」

と車屋先生が念をおした。

「そうですねえ」

　専務は再び唸るような声で言って席を外し、部屋の隅の方に重ねてある大型の台帳をくっている。二人は固唾を呑んで待っていた。その時間がとても長く感じられた。専務が席に坐るとすぐ、車屋先生が尋ねた。

「それで？」

「そうですねえ、いろいろ考えた末なんですが、正規のサイズではとても高くなります。どうでしょう、サイズをちょっと小さくすれば安く作ることができます」

「そうですか、うーん……。このくらい小さくしても演奏にはあまり関係ありませんね。どうですか、お二人さん？」

　ニールと美雪はサイズの違いのことまではわからないので黙って聞いているしかなかった。

「それで、いくらですか？」

ニールが聞いた。その方が気になる。

「そうですね、おまけして六十万になりそうになります」

専務が言った。二人とも心臓が止まりそうになった。封筒の中の金額六十万円とぴったりではないか。二人はそれまで、六十万円あるとは一言も言っていない。

「ハイ、六十万円ここにあります。どうぞよろしくお願いします」

ニールが頭を下げ、お金を出した。美雪もニールの後に続いて声を揃えてお願いした。

びっくりしたのは専務と車屋先生だった。こんなに早くにお金の用意ができるとは思っていなかったからだ。

「それじゃ、やりましょう。確かに六十万円受け取りました。すぐ明日から作業に取り掛かります」

「ホラ、前に言っただろう？　信念を持っていれば必ず手に入るって」

車屋先生が言った。

この話がまとまったのは、ニールと美雪が日本を離れる一週間前だった。

しかしまだ問題があった。太鼓を買ったはいいが、イギリスまで送る費用がない。二人は再び途方にくれた。どうしよう……。

救いの神は浅野太鼓の専務さんだった。

「よしきた！　送料はこちらで負担しましょう！」

こうして、三張の浅野太鼓は無事イギリスに届けられることになったのである。

# 2

# 「無限響」誕生！

無限響　最初のメンバー（1995年）

## 二人のユニット「無限響」、ブライトンの芸術祭でデビュー

二人は大いに満足し、一週間後には日本を出発し、予定通り東南アジアを旅して、一九九四年七月にロンドンに帰ってきた。二人を引き離すことを願って日本行きを示唆した親の気持も知らず、二人の絆は太鼓を通してますます深くなっていた。

美雪には、ロンドン・スクール・オブ・エコノミクスで修士号を取るという目的があり、一年で終わらせようと猛勉強を始めた。専攻を経済学から人類学に変え、日本文化についての論文を書き、結局一年で無事修士号を取ることができた。

ニールのほうは勉強どころではなく、働かなくてはならず、ある映画会社にパートで雇われることになった。以前にはドラマーとして活動していたが、全く異なるリズム感を日本で身につけてきたニールは、元のバンドの一員になることはできなかった。太鼓を叩き続けたかったからだ。

三ヵ月後、日本から三張の太鼓が届いた。

美雪は「太鼓を教えたら？」と提案した。しかしニールは、高校も卒業していない自分が教えるなど考えられないし、イギリスで太鼓を習いたい人がいるかもわからないと言って渋った。

日本から3つの太鼓が届いた（1994年）

「大丈夫よ、やってみなければわからないじゃない？」

美雪はニールを勇気づけ、ロンドンのありとあらゆる大学に問い合わせの手紙を出した。二校から反応があった。ゴールド・スミス大学とシティ・リット大学である。そこで市民教育講座の一部として教室を開いてもらうことになった。

初めての太鼓教室にもかかわらず予想を超える一般市民が応募してきた。しかし、太鼓は三つしかない。一つのクラスの人数を十人に絞り、交代で練習することにした。

ニールも忙しくなった。ニールは熱心に指導した。生徒たちも新しい楽器である太鼓に興味を持ち、真面目に学ぼうとしていた。しかし、事はスムーズには運ばなかった。太鼓の音が大きくて勉強ができないという苦情が出始めたのだ。次の学期までには新しい場所を見つけなければならなくなったが、運良くジャイソンズ・レイン劇場というところが場所を提供してくれることになり、ニールは太鼓教室を続けることができた。

最初の生徒の中にリズという女の子がいた。彼女は後に無限響の主要メンバーになって活躍することになる。


美雪が修士号を取る頃には、ニールの太鼓教室はますます人気が出て、祭りや小さなイベントでの演奏依頼が入るようになった。うれしいことではあるが、ニール一人では演奏は出来ない。美雪と二人ならば何とか形になる。

美雪も勉強の合間に練習を始めた。運よく、近くにサーカスの練習場所があったので、そこを使わせてもらえることになった。練習をしながらも、美雪は将来のことをいろいろ考えなければならなかった。ニールと一緒に演奏に出るか、生活にゆとりを持たせるために就職するか。それとも博士課程に進むか。美雪にとっては人生を左右する大決断の時だった。しかし、考える余裕も時間もなかった。演奏依頼には早く返事をしなければならない。

美雪は考えた。自分はまだ二十五歳にもなっていない。少しニールの手伝いをしながら考えよう。そのうちニールの生徒の中から上手な人が出てくるだろう。自分が大学に戻るのはその時でも遅くない。これから五年間は頑張ってやってみよう。三十歳になった時、自分の方向をしっかり決めよう。

ニールと美雪が車屋先生から習ったのは、福井地方に伝わっている三ツ打ちと言われる技法である。この叩き方は個人打ちとも言われ、一人の打ち手が初めから終わりまで自由に曲を作り演奏することができる打ち方であったので、ニールと美雪の二人だけでも演奏可能な打ち方である。車屋先生から教わったのは、ただ日本にある既存の太鼓音楽ではなく、伝統的な太鼓、あるいは他のスタイルの太鼓を元に、いかにして自分の太鼓音楽を創造するかという方法論であった。美雪は日本にいた時のことを思い出した。「チャンスが来たら両手でつかめ、そして追いかけろ」という車屋先生の言葉が思い出され、美雪はこれがロンドンで新しい音楽を創造できるチャンスだと感じた。

ニールと美雪は決心した。車屋先生が命名してくれた「無限響」という名で演奏しよう。最初の演奏のチャンスは一九九五年五月、イングランド南東部の町ブライトンの芸術祭だった。この時初めて母親である私に声がかかった。

「ママ、助けて！」

美雪はどんなに困ってもそんなことは言わなかった。

「お願い、祭り半纏作ってくれない？」

祭りの日が迫っているのに、経費の問題でプロの裁縫師には頼めなかったのに違いない。もちろん私はオーケーした。祭りの三日前、私はアメリカからイギリスに飛んだ。そして二人の祭り半纏を縫い上げた。

ブライトンの祭りというのは、毎年行われる夏の芸術祭のようなものである。町のあちこちに特別の絵画の展示場や劇場が設けられ、ありとあらゆる音楽も演奏される。無限響が招待されたのはある美術館で、一時間ごとに十分間太鼓を聞かせようという企画である。

十二時頃、十分間の演奏が終わった時、七、八十歳ぐらいの年寄りの男性がづかづかと舞台に上がり、ニールに近づいてきた。ニールは、多分その老人は、「素晴らしかった！　次は何時にやる？」と言うのだろうと期待していたのだが、そうではなかった。

「こんなひどい不愉快な音は聞いたことがない。もしお前らが消えないのなら、オレが消えてやる！」と怒鳴った。

ニールは仰天してしまった。ニールと美雪にとっては初めての演奏なのだから、自信をなくすようなコメントなど聞きたくなかったが、そんな否定的な反応もあるものだとびっくりした。次の演奏にはその老人はどんな反応を示すものかと少々心配だったが、彼は本当にどこかに消えたらしく現れなかった。いずれにせよ、そんな老人にはかまっていられないと、ニールと美雪は次の演奏もひるまず堂々と演奏をした。

初めてのイギリスの祭りでの演奏は無事終わった。美雪の筆で「無限響」と日本語で書いた旗を立て、私があり合わせの布で作った祭り半纏を着ての演奏はなかなか見事な演奏だった。イギリス人の観客は和太鼓の演奏などは見たこともなかったのだろう。最初は面白半分で覗いていた観客が次第に熱心に演奏を聴くようになっていったようだ。和太鼓はよほど珍しかったのだろう。いつの間にか大きな人だかりができていた。

四回の演奏が終わってから二人はあそこを間違えた、ここを間違えたとしきりに反省していたが、私には全然わからなかったので、「完璧だったよ！」と褒めてあげた。

テレビ局からも招待がきた。番組はＩＴＶのコメディショーだったが、それが大人気を博し、四ヶ月後に再度出演するようにとの依頼がきたほどだった。

次の機会は、サーカスの人たちと一緒に演奏をすることだった。その頃、サーカスの練習場を借りていたので、週二回はそこに太鼓を運ばなければならなかった。二人で、あの交通の激しいロンドンの街中を二ブロックも太鼓を抱えて移動させている姿はさぞ異様だったろう。これは二人にとってもかなり重労働だったが、仕事となると、一層気が入る。しかも、若かったからそれを三ヵ月も続けた。

そのうち、ニールがパートで働いている映画会社で練習してもいいということになった。社長が大の太鼓好きになってしまったのだ。その会社にはマークというイギリス人が映画の編集者として働いていた。マークは和歌山県の「天音太鼓」というグループで訓練を受けたことがあった。それも偶然、ニールと美雪が福井県の響太鼓のグループと一緒に練習していたのと同じ時期だった。社長はマークから太鼓の話は散々聞かされていたので話は早かった。

ニールとマークはすぐ友達となり、マークはその後無限響に加わることになる。マークは元鼓童のメンバーだった近藤勝治さんにも教わっていたので非常にうまい。それからは、ニールと美雪の北陸の太鼓の二曲に、マークの鼓童スタイルの曲が一曲加わり、無限響のレパートリーは三曲となった。さらに、ニールの太鼓教室の最優秀生徒のリズが加わり、無限響は四人編成になった。そして一九九五年の十一月ポールロープソン劇場でついに一時間半のフルコンサートをなしとげた。その時は、「ついにやった!」という最高気分だった。

ニールと美雪の本格的な太鼓生活が始まった。しかし経済的な問題が解決したわけではない。ニールの教室は一週間に二回。演奏も毎日あるわけではない。これではとても食べていけない。リズもマークも昼間はフルタイムの仕事を持っている。

ブライトンの芸術祭でデビュー（1995年） 撮影：ジュリ・クラックストン

初めての
ポスター用ショット

「無限響」スタート
美雪、ニール、マーク

「学校で教えよう！」と二人は考えた。日本の太鼓を子供たちに経験させようと思う校長先生がいるかもしれない。イギリスの学校の活動は校長先生が決断すればすぐに決まる。

二人はロンドンのすべての学校に手紙を書くことにした。何通書いたかわからなくなるほど書き続けた。その結果、三百校以上の学校から反応があった。子供たちに新しい体験をさせたいと思う校長先生は多かった。学校での出張演奏は一回百五十ポンドに抑えたので、招待状が次々と来るようになり、何とか太鼓だけで生活ができる収入を得られるようになった。

しかし清貧生活は続いた。太鼓を教え、太鼓の演奏で食べていくためにはもっと太鼓の数を増やさなければならない。そんな時ロンドンで宮本太鼓の越智さんに会った。越智さんには日本にいた頃、浅草の本店で会い、ロンドンでの再会を約束していたのである。越智さんはすでに退職していたが、宮本太鼓館に陳列するために世界の古い太鼓を探す仕事をしていた。その頃無限響の太鼓の数に限りはあったが、学校を廻って子供たちに太鼓を教えていることに感銘して、ロンドンから宮本太鼓の本社に電話をして無限響に太鼓を寄付してくれるようにお願いしてくれたのである。

宮本太鼓（宮本卯之助商店）は、神輿、太鼓、山車、獅子舞用品などの祭礼具の製造販売や修理、復元及びレンタルを行っている東京の会社である。一八六一年（文久元年）に宮本清助によって創業され、四代目の卯之助が浅草に店を移し、一般的な和太鼓だけでなく、能、歌舞伎、雅楽用の太鼓まで幅広く製造するようになった。一九二六年に大正天皇御大葬用楽器一式を謹製し、以来、宮内庁御用を賜っている。それからは浅草神社、歌舞伎座、一九六四年の東京オリンピック開会式の大火焔太鼓、国立劇場、国立能楽堂等に関わっている。一九八八年には太鼓専門博物館「太鼓館」を開設し、和太鼓ばかりでなく世界各地の太鼓六〇〇点、太鼓に関する文献図書、視聴覚資料三〇〇〇点を所蔵している。越智さんはこの太鼓館に収蔵する太鼓を世界中を廻って探す仕事をしていたのである。一九九三年からは伝統文化の保存、伝承を目的とした宮本スタジオを開設し、宮本邦楽教室として和太鼓、長唄、笛、民謡、端唄などを教えている。

無限響が太鼓生活を始めた最初の年一九九五年は、大小三十回の演奏をこなして終わった。そしてついに太鼓を一度に持ち運び出来る小型トラックも購入した。

無限響の演奏機会は、美雪とニールの努力でだんだん増えていった。劇場は小さくても定期的に演奏の仕事が入ってきた。マークとリズには時間給でギャラを支払い、二人もどうにか食べていけるだけの収入を得ることができるようになってきた。

ニールは、映画関係の仕事をしていたので多様な人脈を持っていたが、美雪はアメリカから移ってすぐ大学に入ったため友達を作る機会が少なく、知り合いはほとんどいなかった。仕事を増やすためにも、多くの人との親交を広げようと努力した。特に、日本人に近づく機会を得たかった。尺八や篠笛が吹ける人がいれば本式の太鼓演奏ができるではないか。それでロンド

新たにリズが加わり
４人編成に(1996年)

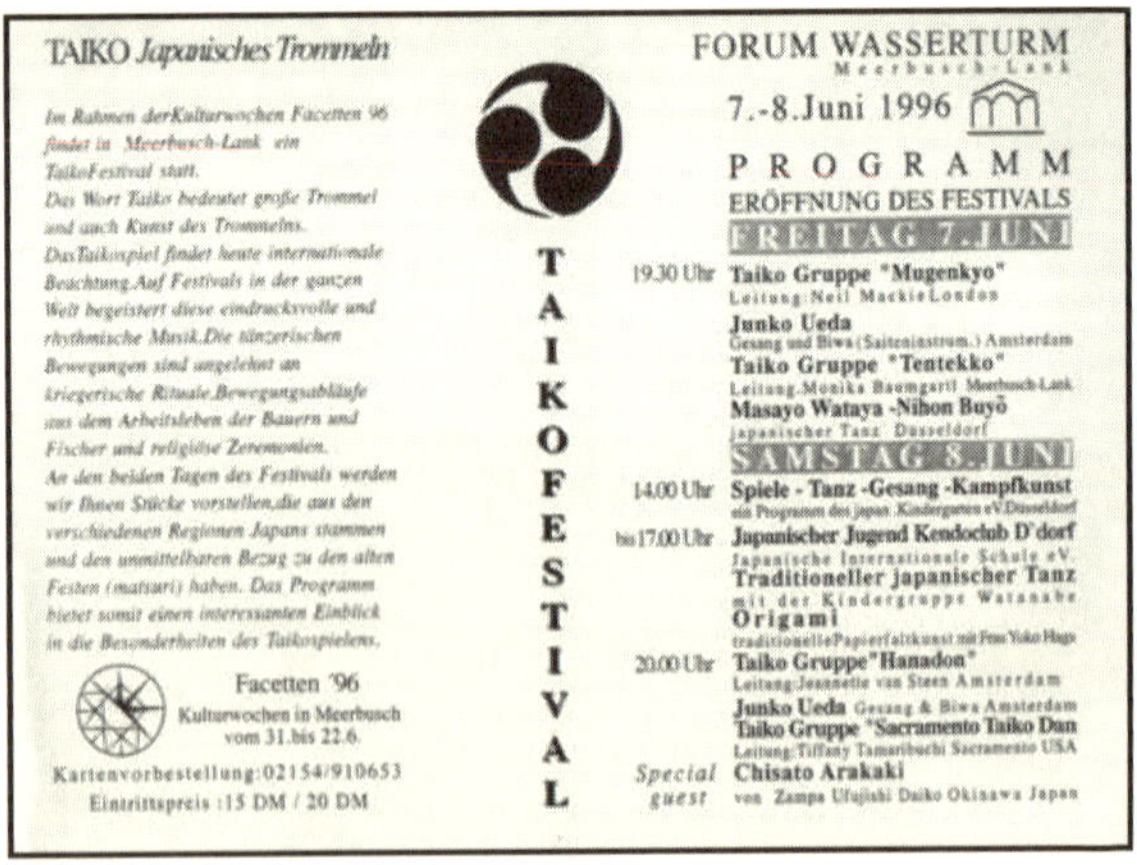

TAIKO *Japanisches Trommeln*

*Im Rahmen derKulturwochen Facetten 96 findet in Meerbusch-Lank ein TaikoFestival statt.*
*Das Wort Taiko bedeutet große Trommel und auch Kunst des Trommelns.*
*DasTaikospiel findet heute internationale Beachtung.Auf Festivals in der ganzen Welt begeistert diese eindrucksvolle und rhythmische Musik.Die tänzerischen Bewegungen sind angelehnt an kriegerische Rituale.Bewegungsabläufe aus dem Arbeitsleben der Bauern und Fischer und religiöse Zeremonien.*
*An den beiden Tagen des Festivals werden wir Ihnen Stücke vorstellen,die aus den verschiedenen Regionen Japans stammen und den unmittelbaren Bezug zu den alten Festen (matsuri) haben. Das Programm bietet somit einen interessanten Einblick in die Besonderheiten des Taikospielens.*

Facetten '96
Kulturwochen in Meerbusch
vom 31.bis 22.6.

Kartenvorbestellung:02154/910653
Eintrittspreis :15 DM / 20 DM

TAIKOFESTIVAL

FORUM WASSERTURM
Meerbusch-Lank
7.-8.Juni 1996

PROGRAMM
ERÖFFNUNG DES FESTIVALS

FREITAG 7.JUNI

19.30 Uhr **Taiko Gruppe "Mugenkyo"**
Leitung:Neil Mackie London
**Junko Ueda**
Gesang und Biwa (Saiteninstrum.) Amsterdam
**Taiko Gruppe "Tentekko"**
Leitung.Monika Baumgartl Meerbusch-Lank
**Masayo Wataya -Nihon Buyō**
japanischer Tanz Düsseldorf

SAMSTAG 8.JUNI

14.00 Uhr **Spiele - Tanz -Gesang -Kampfkunst**
[illegible]
bis 17.00 Uhr **Japanischer Jugend Kendoclub D'dorf**
Japanische Internationale Schule eV.
**Traditioneller japanischer Tanz**
mit der Kindergruppe Watanabe
**Origami**
traditionellePapierfaltkunst mit Frau Yoko Hagx
20.00 Uhr **Taiko Gruppe"Hanadon"**
Leitung:Jeannette van Steen Amsterdam
**Junko Ueda** Gesang & Biwa Amsterdam
**Taiko Gruppe "Sacramento Taiko Dan**
Leitung:Tiffany Tamaribuchi Sacramento USA
*Special guest* **Chisato Arakaki**
von Zampa Ufujishi Daiko Okinawa Japan

1996年ドイツで開催された初めての
ヨーロッパ太鼓フェスティバルに出演

ンで発行されている日本人向けの新聞に広告を出した。

「尺八、篠笛奏者を探しています！」

尺八や篠笛ができる人は誰一人名乗り出てこなかったが、マネジャーになってあげようという人が出てきた。確かにマネジャーがいれば、何百枚もの手紙を毎年出さなくてもすむし、適当な劇場を見つけてきてくれるかもしれない。週末は休めるようになるかもしれない。

その人は無給でもいいからと言ってきたので、しばらく無限響と一緒に行動してもらったが、やはり給料がほしいと要求してきた。いくら太鼓が好きでも、無給で働くことができないことは美雪たちにもわかっていたが、その頃の懐事情では、当たり前に給料を払ったら美雪たちは生活ができなくなってしまう。もう一人、マネジャーになってあげると言ってきた日本人がいたが、その男性は日本の暴力団の団員だということがわかったので断った。結局、マネジャーは諦めざるを得ず、いままで通りマネジャーの仕事は二人でこなすしかなかった。

四人のメンバーは、揃って演奏をする楽しさがわかるようになってきた。

演奏をする機会を増やすため多くの小劇場に手紙を出した。一度に三百通も出したこともあった。しかし受け入れてくれるのはごくわずかである。劇場のオーナーたちは太鼓演奏など観たことも聴いたこともなかったので、観客に受け入れられるかどうかわからないからである。

劇場側では、なるべくたくさんの観客が入るグループに演奏させたいというのは経営的観点からもっともだった。そのような難しいマネジメント仕事のかたわら、無限響のメンバーたちはニールを中心に練習を重ねた。

年が明け、一九九六年になった。無限響にとっても二年目の太鼓生活になるのだが、次から次へと忙しい年になった。

まず三月には車屋先生が響太鼓のメンバーたちを引き連れてイギリスを訪れ、無限響とブリッジレイン劇場で共演した。これがイギリスで日本とイギリスの太鼓グループが共演した初めての出来事になった。同じ三月、無限響はユニオン・チャペルで演奏した。ここは教会を改築して小劇場にしたところだった。そこで演奏する第一号が無限響だったのだが、演奏終了後、照明係の人が手の平を開けて見せてくれた。その中には天井の壁の欠片がのっている。

「ほら、見てごらん。これがお前たちが出した爆音で崩れ堕ちたものだよ」

ニールは唖然として言葉がでなかった。

「無限響が天井を落とした?」そんなことが信じられるだろうか。しかしそれを聞いた無限響のメンバーは太鼓の絶大な威力を感じざるを得なかった。

四月には日本人の作曲家植村勝博さんとの共演をはたした。「美しき命」という勝博さんの曲でモダン・ダンス・グループ「アイアイ」と無限響がコラボした。幻想的な雰囲気の中での演奏はそれまでになかったものになり、もう一度やってみたいと思った。

五月のスコットランドのスターリング大学での演奏後には、年をとったよぼよぼのおじいさんが涙を拭きながら舞台裏にきてこう言った。

「わしは、長い人生で戦争も含めて実にいろいろなことを経験してきたんだが、これほどまでにわしの心をゆさぶったものはなかった！」

それを聞いた時、団員一同、太鼓のもつ力を全身で感じたのだった。

そして、六月七日、八日の二日間、ドイツの国際太鼓フェスティバルに参加した。

デュッセルドルフで行われたこのフェスティバルには、イギリスから無限響、ドイツからテンテッコ、オランダからハナドン、アメリカからサクラメント太鼓団の四ヶ国からの参加があった。特別ゲストとして沖縄の残波大獅子太鼓《ざんぽうふじし》の新垣千里が招かれた。イギリスではこのようなフェスティバルはまだ一度も催されたことはなかったで、この次はイギリスでもっと盛大なフェスティバルをという思いを一杯にして帰ってきた。現実には大規模なフェスティバルを開くには大金がかかる。スポンサーがいなければ無理なのだ。太鼓がまだまだ普及していないイギリスではスポンサーを探すのも困難という状況ではあったが。

同月、ジャパン・フェスティバル基金から日本文化をイギリスに紹介し広めるために貢献したとして表彰された。自分たちの努力が評価されたことであり、うれしい思い出になった。

学校での太鼓プロジェクトは、機会があるたびに続けてきたが、特にロンドンの三校が熱心で、いよいよ三ヶ月間の訓練の成果を発表する演奏会がリリアン・ベイリス劇場で開かれることになった。一校の生徒たちは熱心になるあまり、「自分たちも太鼓を作りたい！」という。

本気なのか信じられなかったが、プラスチックのドラム缶を胴にし、テント用の布を張ったらいいと教えたところ、本当に作ってしまい、親たちを招待した演奏会を開き、観客を驚かせたのだった。

ある夏の暑い日、無限響のメンバーは自分たちの着る大切なコスチュームを忘れてしまった。その日は非常に暑かったためか、観客は大目に見てくれたので大助かりだった。

アイルランドに行った時も忘れた。その時は急遽デパートに走り、お揃いの大きめのTシャツを買い、帯にできそうな布を手に入れ、その布で腰のところを帯のようにきつく締めた。観客はそれが無限響のコスチュームと思ったようだ。

演奏会はいつも満員になるわけではない。劇場側の宣伝のやり方にも大いに左右される。イギリスのワリントンという町の夏祭りに招待された時のこと。客が一人も来なかった。町の人々に宣伝が行きわたっていなかったのだろう。無限響としてはギャラを払ってもらえるからいいものの、全くの税金の無駄遣いというものだろう。

スタワーヘッドという町で行われたフェスティバルはテーマが「アジア」だった。無限響もアジアの音楽として招待された。

このフェスティバルに私も参加した。祭りに参加する者は東洋の衣装をつけてくることになっている。それこそ見たこともないような光景に目を見張った。何千人という参加者の一人一人が皆アジアの衣装を着けている。中国服、ベトナムの衣装、サリー姿、アラブ民族服、そして日本の衣装、それが普段着の浴衣《ゆかた》や袢纏《はんてん》のようなものもあれば、もっと正式な正装スタイルの人もいる。髪まで結い上げている人もいた。よくぞこれまで！と驚くばかりだった。浴衣姿で行った私などはあまりに普段着すぎて恥ずかしくなるくらいだった。

これまでにイギリス人は大抵アジアの様々な国に行って、その国の衣装を買って持っている。そして、それを着て楽しむ方法を知っているという事実を見せつけられ、やっぱりこれは昔イギリスが植民地をたくさん持っていたということの影響なのではないかと感心したりもした。

イギリス、スコットランド各地での演奏が本格的になるにつれて、ロンドンでの練習の場の確保も大変だった。大きな音が出るためほとんどの練習場は地下にあった。そこまで太鼓を運ぶ小型トラックも必要だし、地下への階段は狭い。

活動開始から二年が過ぎた頃になると、メンバーの誰もが専用の太鼓道場が欲しいと思うようになった。いつでも好きな時に練習できたらどんなにいいだろうと。

## 本格的な演奏活動始まる

無限響を立ち上げた一九九五年は年間三十回だったが、翌年の一九九六年には四十七回の演奏をこなした。そしてその年の十月、無限響として初めて日本へ行った。福井国際センタービルの完成祝いに美雪とニールが招待されたのだ。美雪とニールが福井市に住んでいた時、福井国際センターは福井国際協会と呼ばれていて、美雪とニールは友好大使に任命されていた。その後、協会はセンターと名前を変え、新しいビルを建てたのである。新しいセンターが美雪たちを招待してくれたが、その年は車屋先生の響太鼓の十五周年記念の年でもあり、車屋先生は大々的な記念演奏会を計画していた。また、車屋先生が関係している福井市の大安禅寺でも新しい瞑想センターの完成を祝う式典に響太鼓の演奏が予定されていた。車屋先生は無限響もこれに参加したらどうかと言ってきた。美雪たちには願ってもないことだったので、日本遠征が実現の運びとなったのである。

この時、一緒に行ったリズとマークを見て、車屋先生は無限響の成長ぶりに涙を流された。美雪とニールは日本にいる時にお世話になった例の吉田さんにも連絡を忘れなかった。吉田さんは、家族揃って大安禅寺の演奏会に来て、涙を流して喜んでくれたという。

日本へ行った時の様子をリズが詳しく日記に書き記しているので紹介しよう。

第一週目　十月十五日

寝ぼけ眼で飛行機を降り、日本で必要になるであろうチームのお金全額を円に取り替え、福井行きの列車に乗った。そこで、これからの日本での旅の様子を予測するかのような出来事が起きた。

ニールがお金の入った封筒を列車のテーブルの上に置き、降りるべき駅で迷いあたふたとお金をテーブルの上に置いたまま無限響のメンバー全員電車から降りてしまった。電車が目の前を過ぎ去って行くとすぐ駅長さんの所にかけこみ、電車の中にお金の入った封筒を忘れてしまい、途方にくれていると告げると、駅長さんは、「きっと次の駅で誰かがとどけてくれるだろうから心配するな」と慰めてくれたが、我々は皆頭が転倒していた。

駅長さんが言ったように、次の駅で誰かが届けてくれたので、無事お金は全額返ってきたが、皆信じられなかった。もしこんなことがロンドンでおこったら、戻るなんていうことは絶対にありえなかっただろうから。

その日の夜遅く車屋先生にお会いし、その出来事を話したが、日本ではそんなことは当たり前だとおっしゃるので二度びっくりした。それよりは響太鼓との共演が二日後に予定されていたので、そんなことは早く忘れて練習に励まないといけないと言われて、気持ちを新たにした。

太鼓の国、日本で、外国から来た我々が日本人の前で太鼓の演奏をするなんて、とてもおこがましく恥ずかしいと思っていたので、演奏前はとても怖かったが、演奏そのものはとてもうまくいき、自分でも最高によくできたと思った。観客も皆フレンドリーな雰囲気で我々を受け入れてくれた。

演奏後はたくさんの花束とインタビューが待っていたが、それが終わるとすばらしいディナーが用意されていた。そこで私は初めて日本式の酒の飲み方を経験した。決して自分では自分のコップにつがないという鉄則があるそうだ。だから我々はいつも他の人についであげなければならない。自分のコップを飲みほすと必ず誰かがついでくれる。従って、コップはいつもお酒で満ちているのである。人を酔わせるのに、何と洗練された方法であろうか！　そして驚くのはパーティは一つで終わるのでなく、二次、三次と続くのである。最後にカラオケバーに行った。そして皆マイクを奪い合って歌うのである。私も最初は恥ずかしいと思ったけれど、いざマイクを手に取ると、次から次へと歌が出てきてマイクを手放したくないと思ったほどだった。

翌日は福井市の国際センターで我々の講演会が予定されていた。太鼓の話をするのだが、日本で、イギリス人が太鼓の話をしたって誰も耳をかさないだろうと思っていたのに、講堂は人であふれていて、皆熱心に聞き入っていたのには驚いた。

ついでに記しておきたいのはトイレのことで、トイレに入って坐ると音がするのが、とても恥ずかしいと思ったのだが、それは放尿の音を消すためなのだと知って、そんなことを気にするのかしらと不思議だった。

第二週目は浅野太鼓工場訪問。会社の前に今まで見たこともないほどの太さと高さの木が植わっていて、多分その木は大太鼓になるんだろうと想像させられた。会社の中はまるで博物館のようであった。日本一大きな太鼓もあり、それはまだ出来上がっていなかったので、その樽の中に入って、写真を撮ってもらったりした。週末には越前海岸の体育館で車屋先生との練習があったがその時には大勢の女性たちが我々のまわりを取り囲んでいた。そして、練習の後は、またもや大きな夕食会に招待された。そこで、私は初めて一気一気ゲームというのを教わった。一気一気ゲームというのは、ビールを一息で飲み干すというゲームだった。日本語が全然分からなくてもこういうゲームには言葉の障害などというのはないものらしい。

第三週目はいよいよ新幹線に乗って東京へ行く。東京に着いてまず驚いたのはトイレットト。センサーに手をかざしただけで水がでるのにはびっくりした。

東京では宮本太鼓の工場を訪れ、そこで我々がイギリスで和太鼓紹介のために尽力して

福井の名所、東尋坊で
ニールと車屋先生
（1996年）

浅野太鼓工場で太鼓
の樽の中に入ってみた
（1996年）

いるというので、一つは締太鼓を、もう一つは何と、くり抜きの長胴を贈呈してくれた。越智さんがロンドンで約束してくれたこととはいえ、誰しも度肝を抜かれた。

この週に英国大使館も訪ねた。大使は我々が前にロンドンで演奏した時聞きに来てくれ、深い印象を受けたので我々が東京を訪れる時には是非大使館にも来て欲しいとの手紙を受け取っていた。そのイギリス大使館でも太鼓グループが編成されていて、その人たちの演奏を披露してもらった。

東京の下町に「小便横丁」という所があり、名前から想像出来るように、長い細い路地があって、その両側にある店は小さく荒廃していて汚い。つもりつもったヘドロが垂れ下がり、こびりついた油の匂いのするバーが並んでいるのだが、そんな所に連れて行かれたのである。そういうバーで次から次へと出される食べ物のおいしいこと。それはとても表現出来ない程のおいしさであるので、スコットランドの友達皆にそういう所を紹介したいと思った。

第四週目。再び響太鼓の人たちと一緒に大安禅寺で演奏をする。大安禅寺では新しい瞑想センターの開会式に招待されていたのである。その後は、大阪に住む和太鼓イチローに会い、三時間みっちり教わり、その後、大阪スタイルお好み焼きを料理してもらい、初めてお好み焼きの味を満喫した。

大阪から和歌山に行って、マークが太鼓の手ほどきをしてもらった天音太鼓の人たちに会う。天音太鼓の人たちは本当にゆったりしていて人なつこい。パーティ好きでもあり、すぐにビールパーティになり、それからカラオケに行き、そこで天音太鼓のメンバーの一人が英語は一言も話せないのに、エルヴィス・プレスリーよりももっと上手にラブ・ミー・テンダーを歌った時には本当に驚いた。

和歌山には長くいられなくて、すぐ大阪に戻って来なければならなかった。日本に来たもう一つの大切な目的は、響太鼓の十五周年記念演奏会に参加することであったから、その練習のためにである。

第五週目。浅野太鼓で我々が練習しているのをNHKのクルーが写している。美雪とニールは慣れていたのだろうけれど、私は慣れていないので、カメラや大きなマイクが追いかけていると思うと緊張して普通の状態を保つのが難しかった。NHKのクルーは、我々が福井を去るまで後をつけてきた。

次の日の朝、大阪での演奏のために練習をしている時、急に車屋先生の容態が悪くなり、倒れそうになり、病院へ運ばれるという事件がおきた。その日の夜七時半には車屋先生にとっては大事な響太鼓十五周年記念演奏会が予定されていたので、響太鼓の団員、無限響の団員たちはどうしていいか一時は放心状態になってしまったが、とにかく練習だけは続けていた。そして、驚いたことには、その日の午後三時頃、車屋先生は半分死んだようになって、歩くのも危なっかしい状態で現れたのである。しかしその夜、七時半からの演奏会には、車屋先生ばかりでなく、響太鼓、無限響の団員全てが最高の演奏を成し遂げた。六百五十人満員の会場は、これまでにない程に湧き上がり興奮に包まれた。

すべてが終わって、道具を片付け終わった時には、風船から空気が抜けてしまったように全く気が抜けてしまった。

美雪たちは日本遠征を無事果たしてロンドンへ帰ってきたが、行く前からくすぶっていた問題がますます大きな塊となって覆い被さってきた。それはまた無限響にとって岐路に立たされることでもあった。

このままリズとマークと美雪とニールの四人で小規模な演奏活動を続けるか、続けられるかという問題だった。四人は何度も議論を重ねた。小規模であってもだんだん増え続ける演奏依頼をこなすには四人がいつでも演奏ができるような状態でなければならない。ニールと美雪には可能でも、リズとマークはフルタイムの仕事を持っているのでそれは可能ではないのである。そのために依頼を断るというケースが何度も出てきていた。散々、議論を重ねた結果、結局リズとマークは自分の仕事を辞めることはできないということになった。ニールと美雪がもっと無限響の活動範囲を広げるためには、リズとマークから離れ、練習場所を確保するためにロン

日本経済新聞　1996年（平成8年）10月17日（木

日本経済新聞

発行所 日本経済新聞社
東京本社 〒100-66 ☎(03)3270-0251
東京都千代田区大手町1-9-5
振替口座 00130-7-555番
大阪本社 〒540 ☎(06)943-7111
大阪市中央区大手前1-1-1
振替口座 00920-1-73217番
名古屋支社 〒460 ☎(052)322-2561
名古屋市中区正木2-3-1
振替口座 00830-6-6149番
西部支社 〒812 ☎(092)473-3300
福岡市博多区博多駅東2-16-1
振替口座 01710-1-1248番
札幌支社 〒060 ☎(011)281-3211
札幌市中央区北1条西7-3


文化

# 英国人の心に響く和太鼓

◇太古のリズムにひかれバンドを結成◇

ニール・マッキー

私はロンドンで和太鼓バンド「無限響」を結成し、英国人に北陸太鼓の素晴らしさを紹介している英国人だ。福井県の招待で今月十九日、福井市内の国際交流会館のオープニングで記念演奏をする。第二のふるさとに帰るので心が躍る。

バンドのメンバーは四人全員が英国人。うち二十六歳のミユキとマークは、外国の若者を英語教師として日本に招く政府の「JETプログラム」で、それぞれ福井県、和歌山県で語学指導に携わっていた。リズは二十九歳、私がロンドンの夜間学校で教えていた和太鼓コースの元学生で日本行きは今回が初めてだ。

＊＊＊

## 福井で聴き全身に鳥肌

太鼓との出合いは四年前。長年ロンドンの映画製作所で働いていたが、三十一歳だった私は世界旅行に出ようと、友人のミユキが当時滞在していた福井県を訪れた。ある日、食堂で好物の玉子丼（どんぶり）を食べていると、隣のテーブルの主婦が片言の英語で話し掛け、しきりに北陸太鼓を聴くべきだと勧める。さっそくその晩、地元のセミプロ・バンド「響太鼓」のコンサートに出かけた。

ドーン、ドーンと五臓六腑（ごぞろっぷ）を震わせる太鼓の音色に私はしびれ、全身に鳥肌が立った。後で楽屋を訪れると、バンドのリーダー、恵藤正明先生が、初対面の私に「ロンドンで和太鼓の演奏をして下さい」と言う。これには度肝を抜かれ「さわったこともないので無理」と辞退すると、すかさず「教えてあげよう」と言われた。

先生は本気だった。自ら私のために文化交流ビザの取得に奔走してくれ、体力づくりのマラソンと、山の上にある大安禅寺境内での猛練習が始まった。

先生は簡単な英語の単語を交えながら身ぶり手ぶりで指導してくれた。難しいバチさばきに何度も挫折しかけたが、その都度「できる、できる、できる、できる」と励ましてくれた。

たが、複雑なテクニックになると、どうしても通訳が必要になり、日本語が上手なミユキに助けを求めた。やがてミユキ自身も和太鼓の魅力にとりつかれた。

二年の月日はあっという間に過ぎた。帰国が決まり、「これからはロンドンで演奏に励みます」とあいさつすると、先生は「初対面の時にそう言ったはずだ」とニヤニヤ。なんとも不思議な人だ。ロンドンに戻ってからは無我夢中だった。昨年五月、英国南海岸のブライトンでデビューした。英国人が「和太鼓」をどう受け止めるか心配だったが観衆は大喜びだった。

＊＊＊

## 英国各地で思わぬ反応

以前、働いていた映画製作所を通して巡り合ったマークが二カ月後に参加。三人で英国各地を巡るうちに観客の思わぬ反応に出合った。

スコットランドの田舎を訪れた時のことだ。演奏終了後に、一人の貧しい身なりの老人が我々を待ち構えていた。ふとみると、老人の目から涙がとめどなく流れている。いきなり私の手を握り「こんな経験は初めてだ。二つの大戦を経験したが、これほどは泣かなかった。ありがとう、ありがとう」。ロンドンでも、ある若い女性が目を真っ赤にして「あなたたちに泣かされたのよ。もうコンサートは二度と聞かない」と泣き笑いする始末だった。

人々が泣くのは、自分たちが上手だからではない。和太鼓の響きが、聴く者の心の奥底に忘れ去られた何かを揺さぶり起こすからなのだ。懐かしい母の胎内で聞いたかもしれない鼓動にも似た、この太古のリズムは飾り気がなく率直だ。原始を呼び覚ます太鼓の音は日本やアジア、アフリカなどでは今もよく耳にするが、英国にはほとんど残っていない。

ミユキと二人でロンドンの下町にある小中学校などで和太鼓の紹介を始めた。ねじり鉢巻き、ハッピ、足袋などを、日本文化の紹介を交えながら説明し、祭り太鼓、相撲太鼓、大漁太鼓などリズムの違いを実演している。子供たちは一斉に「ドンドコ、ドンドコ、ドンドコ、ドンドコ」と叫んで興奮する。評判が評判を呼び、これまでに巡回した学校の数は七十校に達した。私が演ずる「ひょっとこ」の人気もうなぎ登りだ。マークも独自に和太鼓教室を開いている。

＊＊＊

## 夢は欧州太鼓祭り開催

三張りしかなかった太鼓も八張りに増え、今年の六月には、毎年英国で日本文化の紹介に貢献した英団体などに贈られる「ジャパン・フェスティバル賞」を受賞した。恵藤先生は「無限響」の成長を我がことのように喜んでくれる。

欧州太鼓祭りを開くのが夢だ。ドイツ、オランダ、デンマーク、イタリアにも我々と同じように和太鼓に情熱を燃やす仲間がいる。ロンドンの中央にある広々としたハイドパークで、各国のバンドと共に、思いきり和太鼓をとどろかせたい。

（和太鼓奏者）

英国人和太鼓バンド「無限響」のメンバー（一番後ろが筆者）

ニールの一文が新聞記事に（日本経済新聞1996年10月17日）

ドンを離れるということでもあった。

その翌年の一九九七年には大小の演奏を一三一回もこなすほどに成長していた。その一つにイングランド南西の小さな村で夏に開催されるグラストンベリー・フェスティバルがあった。一九七〇年から行われており、もともとはクラシック音楽中心だったが、一九八五年頃から若者たちのニュー・エージ運動に押され、新しい音楽、新しいエンターテインメント、新しい文化活動の集合場所になっていき、若者たちにとっては欠かせない夏のイベントになっていった。特に一九九四年頃からはダンス・ミュージックが流されることになり、若者を引きつけた。現在では、世界最大規模の野外フェスティバルとして知られている。

無限響が出演した一九九七年までに、会場はそれまでの二倍に拡張されていた。あまりの入場者数の多さから事故や暴動も起こり、入場者数を制限し柵を設置したが、それでもあふれるばかりの人が集まってきていた。私もその中のひとりだった。世界中からの観客で活気にあふれた光景は、イギリス人は人の大勢集まるようなお祭りにはあまり興味がないものと思っていたそれまでの私のイメージをすっかり変えてしまった。

フェスティバルは五日続くのだが、私が行った日は雨で大変だった。足が泥に取られて動けなくなるほどなのだ。この土地はもともと沼地で使いものにならないので、昔は修道院しかなかったそうである。そもそもこの祭のはじまりは修道院の経営資金集めのための観光客向けイベントだったそうである。

会場の中心にあるピラミッドというステージの周りもぬかるんでいる。太鼓が濡れないように舞台に運ぶのも大変だった。無限響の演奏は約五十分だったが、観客はぬかるみの中で立って見ていた。演奏が始まるとその観客が踊り出したのでますますぬかるんでしまい大変な状態になってしまったが、そんなことを気にする人は誰もいないようだった。雨が降っていないというだけでも観客は浮き立っていた。盛り上がったまま演奏が終り、次の演奏者に舞台を明け渡さなければならず、大急ぎで太鼓をトラックに戻すのだが、それがまた大変だった。やっと積み終わったがトラックは泥沼にはまり込んで抜け出せない。運転席にいたニールは途方に暮れてしまった。洋服を泥だらけにしながら、何人もの人たちがトラックを押し、やっと出られたというエピソードもあった。

一九九七年は十一月に再び日本を訪れる機会を得た。それは天音太鼓が十五周年記念のコンサートに無限響を招待してくれたからだった。その機会に再び英国大使館で響太鼓と一緒に演奏をする機会が与えられた。この時には大使が親身になってくれて、無限響への援助が得られるようにと日本のお偉方やビジネス関係者を大勢招待してくれた。美雪たちは厚手のパンフレットを作ったが、日本語でなければならなかったのでアメリカにいる私に話が持ち込まれ、翻訳に忙殺された記憶がある。大使館で演奏しアピールしたにもかかわらず、結局はどこからも援助の手は差し伸べられなかった。

## 拠点をスコットランドに移す

演奏が増えるにつれ、ロンドンでの生活はますます困難になってきた。映画会社での練習が許され、太鼓をしまっておくスペースも提供してもらい、大変助かったと胸をなで下ろしていたのだが、近所から練習の音がうるさいと苦情が出始めていたのだ。太鼓の音を小さくすることは出来ないが、夜中には練習しないようにするなど気をつけていたのだが、やはり練習場を移す以外に解決はないと考えるようになった。そんな時、「もし移動しないなら火をつけるぞ！」という手紙まで投げ込まれるようになったため、道場探しを急がなくてはならなくなった。

劇場での演奏もフェスティバルへの招待も多くなり、学校で教えるのも軌道にのってきていた。これからもっと頑張って、無限響を定着させようと大奮起していたのだが、現実は厳しかった。仕方なく、あちこちの練習場を借りて転々と練習を続けたものの、そのたびに太鼓を運ばなければならなかったり、時間の制限があったりして、思うような練習が出来なくなっていた。やはり、自分たちの道場を持たなければならないのだ。

ロンドンを手始めに近郊まで手を広げて探したが、やっと見つかっても家賃が高額で手が出ないものばかりだった。どこでもいいからと不動産屋に頼みこみ、少しでも可能性があるところには飛んで行ったが、借りられる物件はどうしても見つからなかった。

ロンドン近郊ではまず無理ということが明らかになってきた。そこで、ニールはスコットランドに移ることを考え出した。それまでの演奏経験でも太鼓に対するスコットランド人の反応が非常にポジティブだったし、父親の住むグラスゴーあたりの農場に空き家があるかもしれないと。

美雪とニールは苦渋の決断を迫られたが、結局二人だけでスコットランドへ移ることを選んだ。マークとリズには申し訳ない気持ちでいっぱいだった。マークとリズとは何度も話し合い、これ以上四人で続けることは困難とわかっていたので、ニールと美雪がロンドンを離れることを決断するのは早かった。

そんな時、福井の車屋正昭先生から電話があった。

「無限響はどうしてる?」

美雪が正直に状況を話すと、先生は驚いた。

「それは大変だ!　マークもリズもいなくなっては二人だけになってしまうじゃないか!　早く次の奏者を育てなきゃならないね。僕が行って助けてあげるよ!」

なんと、すぐに日本から来てくれるという。この時、車屋先生は、もし自分が行かなければ

シェーン、車屋正昭、
美雪、ジェニファー
（アイルランドにて、
1998年）

BBCビルの前で
（1998年）

Japan Festival Award
授賞式（1999年）

無限響はなくなってしまうのではないか、日本の三ツ打ちが世界に広まるきっかけがなくなってしまうと怖れ、それまで働いていた繊維会社を退職してスコットランドに移住し、一生をスコットランドで過ごすと決心されたのである。

「でも先生、今私たちが住んでる所は借家でとっても狭い所なんですよ」

「構わない、構わない。狭いのには慣れてるから僕は我慢できるよ」

ということで、車屋先生はすぐに日本から駆けつけてくれた。車屋先生は英語は話せないし、スコットランドの食べ物も合わないかもしれない。不安だらけの中で車屋先生との共同生活が始まった。

予定されていた秋のツアーの時期が近づいてきた。劇場とは六ヵ月前か時には一年前には契約しており、変更は許されない。契約が次々に入ってきていた当時は、こんな問題が起きるとは予想もしていなかった。車屋先生はいつかイギリスで演奏したいと思っていたので無限響のメンバーとして参加してくれることになった。こんな力強い助っ人はいないとニールと美雪は喜んだ。とはいえ、リズとマークの代わりの奏者のトレーニングもやらなければならない。

グラスゴーの新聞にメンバー募集の広告を出したところ、希望者がやってきた。シェーンとジェニファーの二人をフルタイムで雇うことに決め、車屋先生に指導をお願いした。シェーンはすでにドラマーとして活躍しており、ジェニファーは音楽大学を卒業したばかりで、音楽一般を勉強していた。次の時代の太鼓奏者を育てたいという気持を強く持っていた先生は快く引

筆者も無限響のサポートメンバーだ

き受けてくれた。二人の新人は毎日の特訓でメキメキ上達し、秋のツアーでは舞台の上でバックグラウンドとして太鼓を叩けるようになった。

美雪とニール、車屋先生、新人二人。五人の演奏は、それまでより素晴らしいものになったのである。ニールと美雪は日本でのように自分たちにも特別レッスンをしてもらいたかったのだが、無限響の活動を維持するための雑用も多く、練習の時間を取るのが難しかった。

## ついに道場が見つかった！

車屋先生が来られてからも不動産探しは続けられたが、なかなか思うようにはいかなかった。そんなある日、アパートの持ち主から、ここを売却するので二ヵ月後には出てほしいとの申し出があった。無限響は二週間後には長期の演奏ツアーに出かける予定なのでそれどころではなかった。それまでに移転先など見つかるはずがない。次から次へと難題が降りかかってくる。美雪とニールがため息をつきながら、新聞の不動産広告を見ていると、小さな広告が目に入った。デッド・ウォーターズというところにある古い農家が売りに出ているのだ。これは見てみたい。二人はすぐにそこへ行くことにした。デッド・ウォーターズはグラスゴーから車で四十分ほどのところである。

物件を見た二人は、一目で気に入った。家屋は牧場の真ん中、細い農道の突き当りにあり、そこより先には家は一軒もない。隣の家までは五百メートルも離れている。太鼓の音が聞こえるはずがない。もともとは農家なので大きな馬小屋も牛小屋もある。当時の持ち主は農業を営んでいるわけではなく、田舎暮らしに憧れてイギリス北部のヨークシャーの方から移住してきた人だったが、年をとるにつれて、田舎の生活が困難になってきたのだという。

すぐにでも契約したかったが、銀行のローンも組まなければならないし、何よりもツアー出発前の忙しい時だったので、買いたいという意思だけを伝えてツアーに出かけなければならかった。ツアーの途中、売り主から「本当に欲しいのか」と確認の電話がかかってきた。五千ポンド余計に払うと言ってきた人が現れたらしい。二人は、無限響のことを熱心に説明し、どうしても自分たちに売って欲しいとお願いした。話を聞いた売り主は、「君たちのしていることに感心した。もし本気ならば君たちに売りたい」と言ってくれた。

六週間のツアーが終わる頃、銀行からローンＯＫの通知がきたのですぐに契約し、期限ぎりぎりの日に新しい家に移った。車屋先生も美雪とニールと一緒に移った。

新しい家での最初の仕事は太鼓道場づくりである。

広い牛小屋を改造して道場にしようと考えていたので、太鼓の音が外に漏れないようにまず防音工事をした。これがひと苦労だった。最も安い見積もりを出してきた大工に頼んだのだが、出来上がってみると、床下暖房の熱で、せっかく張った床が剥がれてしまったのだ。最初からやり直しとなり、一年の予定が結局二年近くかかってしまったが、誰に見せても恥ずかしくない立派な道場が完成した。

太鼓道場が完成した頃、日本から大変な知らせが届いた。車屋先生の奥様が心筋梗塞で倒れられたというのだ。先生はすぐに帰国することになった。無限響の危機を救ってくれたのも、

無限響の新しい道場はスコットランドの広大な牧場の中にある
牛小屋を改造して太鼓道場にし、馬小屋は美雪とニールの住居に改造した

二人の新人がツアーに出られるほどに上達したのも車屋先生のおかげである。ニールと美雪は感謝してもしきれないほどの気持ちで、車屋先生を見送った。

車屋先生が急に日本へ帰られてしまったが、無限響の活動は続けなければならない。

グラスゴーに移ったことで、スコットランドでの演奏を増やそうとしていた一九九八年のこと。グラスゴーから約十キロのカンバノールドという町から演奏の依頼があった。この町の歴史は古い。産業革命の時、鉄鋼業や石炭鉱山が盛んになったが、この古い町も豊かさの恩恵を味わった。しかし、第二次世界大戦後グラスゴーの重工業の衰退とともにこの町も廃れていった。グラスゴーはその後復興していくが、ここは取り残されたままだった。

最近はグラスゴーのベッドタウンとしてたくさんの住宅が建てられ、若い人たちがだんだん移ってきている。そこで文化的な面も充実させようと、政府が援助して新しい劇場が作られ、音楽会が催されるようになった。無限響にも出演依頼がきた。ニールの父親はグラスゴーにいるので、頼んで親戚、友人、知人に案内していた。しかしその日はあいにく雨だった。舞台の幕が開いたが、観客はなんと八人しかいない。それもニールの父親の関係者ばかりだった。

もう一つ忘れられない演奏がある。無限響はイギリスのワリントンという小さい町のフェスティバルに招待された。野外劇場での演奏だったが、その日も土砂降りの雨だった。観客席にいたのはたった一人の男性と犬一匹だった。それでも無限響はいつもの通りに演奏した。美雪はその時の光景はいまでも覚えているという。

## 演奏活動軌道にのる

完成した太鼓道場は誰がみても素晴らしいものだった。

それまでに買いためておいた太鼓を並べてみた。七個になっていた。この七個の太鼓でワークショップをしてみよう。スコットランドに移ってからニュースレターを年四回出すことにしていたが、そこで宣伝したところ、思ったより反応がいい。それからワークショップは何度も行ったが、太鼓に引きつけられた若者は多かった。この人たちがその後の無限響の支えとなり、メンバーとして加わる人も出てき、この人たちを無限太鼓道場メンバーと名付けた。

車屋先生が特別に指導して下さったシェーンとジェニファー、この二人は残念ながら車屋先生の帰国後、無限響を離れた。シェーンは更なる太鼓の勉強のために日本へ行くことになり、ジェニファーは太鼓を止めてしまった。無限響にとっては非常な痛手だった。それは二〇〇一年のことであった。

二〇〇一年、日本政府から一万ポンドをもらうことになった。車屋先生も去り、シェーンとジェニファーも去り、また一歩からやり直しと感じていた時だったが、日本政府が日本文化基金を設立し、英国で日本文化を広めている無限響に助成金一万ポンドが提供されることになったのだ。無限響にとってこの一万ポンドは大きかった。今まで太鼓を買うために貯めておいた一万ポンドと合わせて二万ポンドで四張の長胴を浅野太鼓から買った。お揃いの長胴が買えたことは無限響の将来のために大きな強みになった。その時からお揃いの長胴を使ってツアーをやることができるようになった。

二〇〇四年九月のチャンネル諸島の演奏は、船による交通の前時代的経験として忘れがたいものになった。英国海峡に浮かぶ多数の島々から成るチャンネル諸島は、英国王室の所領であり、連合王国には属していない。従って英国の法律は適用されず、それぞれの島が独自の法律で治めている。チャンネル諸島全体を管轄する機関の文化課から無限響に招待状が届き、ジャージー、アルダニー、サーク、ガーンジーの四つの島で演奏をすることになった。問題は太鼓の運搬方法だ。

通常のフェリーでは太鼓が載らないので特別貨物船を手配してもらい、十二時間もかかってやっと最初の島ガーンジー島に着いた。ひどい霧で自由に動くこともできず、予定していた学校の演奏はとりやめになり、かろうじて劇場での演奏に間に合った。次はアルダニー島だ。船の便はなく、六人乗りの小型飛行機で移動するのだが、太鼓を載せるために飛行機を二機チャーターすることになった。

アルダニー島の次にサーク島に行くには、ガーンジー島に戻ってフェリーに乗らなければならなかった。サーク島は、通常は徒歩か馬車かトラクターなのであるが、最近やっと自転車が許されるようになった。車を運転したくても車道がないのである。太鼓をトラクターに乗せてえっちらおっちら運ばなければならなかった。他の島では自動車が走っているのになぜこの島だけが許されていないのか。実はこの二年前まで、島のすべての土地を所有する一人の領主が治めていたような封建的な社会だったのである。しかし外圧に押されて初めて選挙を実施し、十三人の代表者を選んだそうだが、まだまだ以前からのしきたりは変えられないでいるようだ。

サーク島からジャージー島への移動はフェリーだったのだが、大嵐で欠航となった。無限響はジャージー島での演奏予定を変えるわけにもいかないのでどうしても海を渡らなければならない。そこで無限響だけを載せる特別船が出ることになったが、これがフェリーよりもずっと小さい船だった。この船で大荒れの海を渡れというのだ。転覆しないか、海水をかぶって太鼓が駄目にならないかとハラハラしながら出港した。全員が船酔いに苦しみながら何とかジャージー島に着いたが、演奏時間にやっと間に合ったという具合であった。翌日はまた貨物船で十二時間かけてやっとイギリス本土に着いた。この演奏旅行も忘れられない経験となった。

奇想天外な体験と言えば、二〇〇七年にウクライナのキエフに招かれたときのこと。初めての地だけに喜び勇んで出かけたのだが、なんと、送ったはずの太鼓が現地に届いていなかった

ロンドンの音楽スタジオでの録音（2000年）

カロルトンでのテレビ出演のためスタジオで演奏（2000年）

小学校で演奏（2001年）

学校でのワークショップも積極的に（2002年）

改装前の道場で
練習(2001年)

道場の外壁を塗るテリーザとアダムとニール
(2002年)

のだ。演奏をキャンセルするわけにもいかず、メンバーたちは急いで太鼓を作ってしまった。知恵を絞り合い、ロックバンドのドラムをレンタルで借りてきて、胴に薄いベニヤ板を貼り付け、和太鼓の太鼓に似せて作り、それで演奏した。よく聴けば違いは歴然としているのだが、和太鼓の音などほとんどの人が初めてだったのだろう、演奏は拍手喝采で終わった。

無限響の演奏ツアーは冬が来る前の十一月の初めには終わるようにしている。しかしそれは理屈。二〇〇四年十一月、エジンバラで演奏を終えてグラスゴーに戻る途中、予期せぬ大雪に遭遇し、太鼓を積んだトラックは立ち往生。結局、トラックは町中の駐車場に置いて、メンバーたちは雪の積もった夜の農道を一キロも歩くことになってしまった。疲れ切った身体に鞭打って道場のある一軒家にたどり着いたのは真夜中だった。これも忘れられないと彼らは言う。

二〇〇五年は無限響にとって忘れがたい年になった。その年は日本でＥＵジャパン・イヤー・オブ・ピープル・アンド・ピープルズ・エクスチェンジ（Japan Year of People and Peoples Exchange）という名のもとにさまざまな催し物が計画されていた。無限響はヨーロッパ代表として開会式で演奏するよう招待されたのだ。今までの演奏は福井県中心に関西地方が主だったが、今回は東京での演奏、招待が主になった。無限響メンバー全員が招待されたのでとても貴重な経験になった。

スコットランドに帰ってきてから四月に道場の開会式をやることにした。新しい道場ができた時、一応開会式はやっていたが、それは建物の内側だけで、道場への入口、クラスやワークショップに参加する生徒たちが使える台所、食堂、休憩所などは財政的な余裕がなかったので後回しになっていたのだ。それから建増し、改築を重ね、二〇〇五年になってほとんど完成したので、本式の道場開会式をすることにした。エジンバラからは総領事が祝福にきてくれ、日本からは車屋先生、宮本太鼓の越智さんも駆けつけてくれた。

その年のツアーには、日本から「はなゆい」というグループも加わり、無限響とともに会場を沸かせた。「はなゆい」は鼓童太鼓グループとして活躍している団体で、太鼓と歌と踊りを主に演奏しているグループである。また、ロンドンで開かれる世界最大のクラシック音楽祭「BBCプロムス」のオープニングにも招待されたり、ストーク・オン・トレントにある学校で四五〇人もの生徒が舞台で太鼓の演奏をするという一大イベントも成功させた。「無限響」は、着実に地盤を固めていった。

二〇〇六年、それまでの学校での太鼓教育の成果を高く評価された無限響は、"Award for World Achievement"という賞を授賞した。そしてこの年から、無限太鼓道場メンバーの中から優秀な生徒を選び「道場ドラマーズ」が結成され、主にグラスゴー周辺で演奏活動を行った。太鼓の数も種類も増えていったので二台目のトラックも購入した。

二〇〇七年には、ニューヨークで音楽活動をしている美雪の弟健次から、六月二十二〜二十四日のグラストンベリーの音楽祭に招待されたので、一緒に共演しないかという問い合わせがあった。健次は地球上に住む人たちがより自然に近く、自然と共に暮らすようになれば、地球上にはびこっているさまざまな問題が自ずから解消すると信じている。人間が自然に近くあるためには、まず人間の視聴覚を刺激し、訴えかけ、鋭敏にしなければならない。その手段の一つが自分の音楽である。それは現存するあらゆるマルチメディアを駆使して、自然への愛に目覚め、融合し、自然とともに生きたいと誘導されるような音楽を作り、同時に舞踊に託して視覚にも訴えるような自然喚起の演出をニューヨークで試みている。

和太鼓のリズムは人間の持つ根本的な生命のリズムで、自然への本能を呼び起こすものと信じている。たまたま和太鼓の演奏者である姉の美雪と合同演奏することは彼の思考の自然な流れの中にあったのである。健次の妻のラーレ小夜子もベリーダンスばかりでなく、モダンダンス、バレーなどさまざまな舞踊に興味を持ち、身体を伝達の媒介手段として使い、いかにして人間の感情を表現するかを模索し、創作舞踊へと昇華させている。ニールと美雪の和太鼓、ラーレ小夜子のベリーダンスと創作舞踊、健次のバイオリンがそれぞれの信念と情熱をもって合同演奏することで、人間と自然の共存を想い起させる何かを創造できるのではないかという試みであった。

無限響のスケジュールもそれほど忙しくない時期でもあったので、オーケーすることにした。しばらくぶりに弟に会い、無限太鼓道場で練習をしてから会場に向かった。その日は雨だった。十年前に無限響がこのグラストンベリーの音楽祭に参加した時と同じように会場は泥沼だった。二日間の演奏契約だったので三晩泊まらなければならない。音楽家たちのためにと特別な場所がキャンプ場として与えられていたが、テントを張ってもすぐ横に川ができるくらいびしょびしょなのである。トラックを停めることができたので、太鼓はそのトラックから出し入れしたので濡れずにすんだが、美雪とラーレ小夜子は着物の裾を端折って歩かなければならなかった。四人によるバイオリンとベリーダンスと太鼓と日本舞踊の創作音楽が演奏されると、観客はぬかるみの中で興奮して踊りまくっていた。これも十年前と同じ光景だった。

演奏が終わってから、そこから三時間ほどのチェルトナムに住む美雪の叔母、つまり私の妹の家に立ち寄り洗濯をさせてもらった。その汚れようは、妹も腰を抜かすほどひどかった。

二〇〇七年、二〇〇八年もさまざまなグループと共演し、ツアーも大成功だった。

結成十五周年の二〇〇九年十一月二十六日、無限響はエジンバラにある日本領事館に無限太鼓道場メンバー全員が招待された。そこで、日本文化をイギリスに広めることに尽力したとし

オックスフオード劇場
（2003年）
撮影：アラン・ディビース

アイルランドの広場で
演奏するテリーザ
（2003年）

テリーザ、アダムと
（2003年）

## 黒澤明が描こうとした山本五十六

### 映画「トラ・トラ・トラ！」制作の真実

谷光太郎著　本体 2,200円

山本五十六の悲劇をハリウッド映画「トラ・トラ・トラ！」で描こうとした黒澤明は、なぜ制作途中で降板させられたのか？　黒澤、山本の二人だけでなく、20世紀フォックス側の動きも丹念に追い、さらには米海軍側の悲劇の主人公であるキンメル太平洋艦隊長官やスターク海軍作戦部長にも言及した重層的ノンフィクション。

---

## 米海軍から見た太平洋戦争情報戦

### ハワイ無線暗号解読機関長と太平洋艦隊情報参謀の活躍

谷光太郎著　本体 1,800円

ミッドウエー海戦で日本海軍敗戦の端緒を作ったハワイの無線暗号解読機関長ロシュフォート中佐、ニミッツ太平洋艦隊長官を支えた情報参謀レイトンの二人の「日本通」軍人を軸に、日本人には知られていない米国海軍情報機関の実像を生々しく描く。

---

**芙蓉書房出版**

〒113-0033
東京都文京区本郷3-3-13
http://www.fuyoshobo.co.jp
TEL. 03-3813-4466
FAX. 03-3813-4615

# ソロモンに散った聯合艦隊参謀

## 伝説の海軍軍人樋端久利雄

高嶋博視著　本体 2,200円

山本五十六長官の前線視察に同行し戦死した樋端久利雄（といばなくりお）は“昭和の秋山真之”“帝国海軍の至宝”と言われた伝説の海軍士官。これまでほとんど知られていなかった樋端久利雄の事蹟を長年にわたり調べ続けた元海将がまとめ上げた鎮魂の書。

---

# ゼロ戦特攻隊から刑事へ

## 友への鎮魂に支えられた90年

西嶋大美・太田茂著　本体 1,800円

８月15日の最後の出撃直前、玉音放送により奇跡的に生還した少年特攻隊員・大舘和夫が、戦後70年の沈黙を破って初めて明かす特攻・戦争の真実。

---

# 早稲田の戦没兵士“最後の手紙”

## 校友たちの日中戦争

早稲田大学大学史資料センター編　本体 2,600円

協力／早稲田大学校友会

これは、早稲田版「きけ　わだつみのこえ」だ！

日中戦争（1937年～）で戦死した青年らの戦地からの“最後の手紙”が当時の校友会誌『早稲田学報』に連載されていた。戦争と同時進行で、青年たちの〈肉声〉を伝える貴重な記録。中国戦線で何を見たのか、どう感じたのか？　リアルタイムの記述で浮き彫りになる。充実した解説と戦没校友266人の履歴と情報を新たに編集。

## 極東の隣人ロシアの本質

信ずるに足る国なのか？

佐藤守男著　本体 1,700円

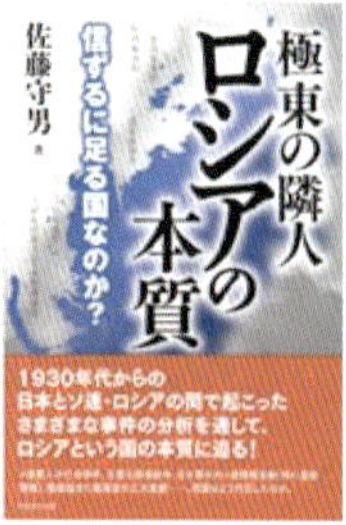


リュシコフ亡命事件、張鼓峯事件、葛根廟事件、三船殉難事件、大韓航空機007便撃墜事件。1930年代からの日本とソ連・ロシアの間で起こったさまざまな事件の分析を通して、ロシアという国の本質に迫る！　【2017年９月新刊】

---

## 暗黒大陸 中国の真実 【普及版】

ラルフ・タウンゼント著　田中秀雄・先田賢紀智訳

本体 1,800円

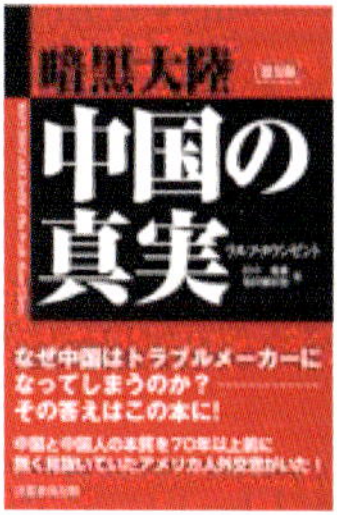


戦前の日本の行動を敢然と弁護し続け、真珠湾攻撃後には、反米活動の罪で投獄された元上海・福州副領事が赤裸々に描いた中国の真実。なぜ「反日」に走るのか、その原点が描かれた本。70年以上も前の本が現代の中国と中国人を理解するのに最適と大評判！

---

## 自滅する中国

エドワード・ルトワック著　奥山真司監訳

本体 2,300円

中国をとことん知り尽くした戦略家が戦略の逆説的ロジックを使って中国の台頭は自滅的だと解説した異色の中国論。

## 芙蓉書房出版の“ノンフィクション” 1711

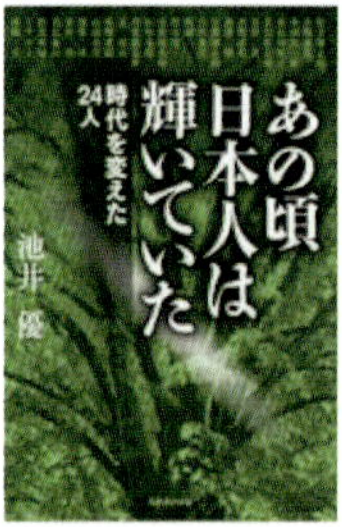


# あの頃日本人は輝いていた

### 時代を変えた24人

【11月新刊】　池井 優著　本体 1,700円

日本人に夢を与え、勇気づけた24人のスーパースターたちの挫折と失敗、そして成功までのストーリーを数々のエピソードを交えて紹介。
政界、財界、スポーツ、文学、映画、音楽など、ワクワク、ドキドキした感動と興奮の記憶がよみがえってくる。

---

# スコットランドに響く和太鼓

### 無限響(MUGENKYO)25年の物語

【11月新刊】ウイリアムス春美著　本体 1,700円

ニール・マッキーとウィリアムス・美雪が1995年に立ち上げた“MUGENKYO”。英国を中心に欧州各国で活動しているこの和太鼓演奏グループはヨーロッパで和太鼓を広めた草分け的存在。まもなく結成25周年を迎える「無限響」の苦闘の足跡をまとめたノンフィクション。

---

# ダライ・ラマとチベット

### 1500年の関係史

大島信三著　本体 2,500円

現在の14世と先代13世を中心に、古代チベット王国までさかのぼって歴代ダライ・ラマの人物像を描く。明治・大正期にチベットを目指した河口慧海、能海寛、寺本婉雅、成田安輝、青木文教、多田等観、矢島保治郎らも取り上げる。

子どもたちを指導する
テリーザ（2003年）

福井でお世話になった
田中和代さん
（前列右、2003年）

浅野太鼓工場にあった
大太鼓の前で
前列中央は浅野専務
（2003年）

福井の車屋太鼓道場を訪れる（2004年）

「はなゆい」のメンバーと（2004年）

楽しそうに太鼓を叩く子どもたち（2004年）

無限太鼓道場オープン（2005年）
ジョージー、テリーザ

日本領事もお祝いに

出来上がったばかりの道場で指導する車屋先生

「はなゆい」との2回目のツアーのアンコールの後（2005年）
ロンドン・サドラーズ・ウェルズ劇場　撮影：デル・ヒースコック

2回目のツアー公演終了後（2005年）
レイクディストリクト・ボーネス劇場

学校に出向いて
演奏（2005年）

ギタリストと共演
（2005年）

道場でバグパイプと練習（2005年）

道場Showcase Concert
（2006年）

グラストンベリー・フェスティバルに出演（2007年）美雪の弟、健次のバイオリン、健次の妻ラーレ小夜子のベリーダンスと共演

ハローゲイト劇場でのオープニング（2008年）
撮影：リチャード・ボーン

ツアー中、料理も楽しみのひとつ

無限響結成15周年
コンサート(2009年)
グラスゴー・トラムウェイ劇場
撮影:マリウス・シャンザー

日本領事館での15周年記念のイベントに招待される（2009年）

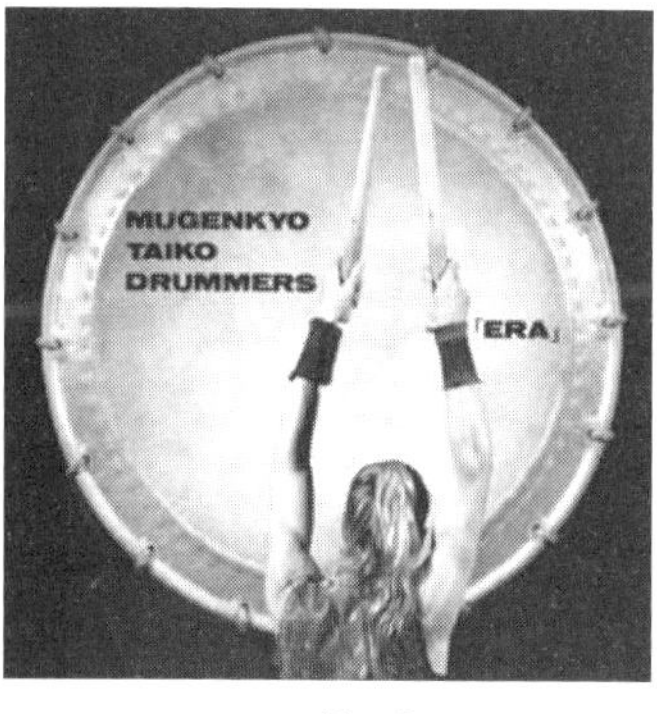


CDのジャケット

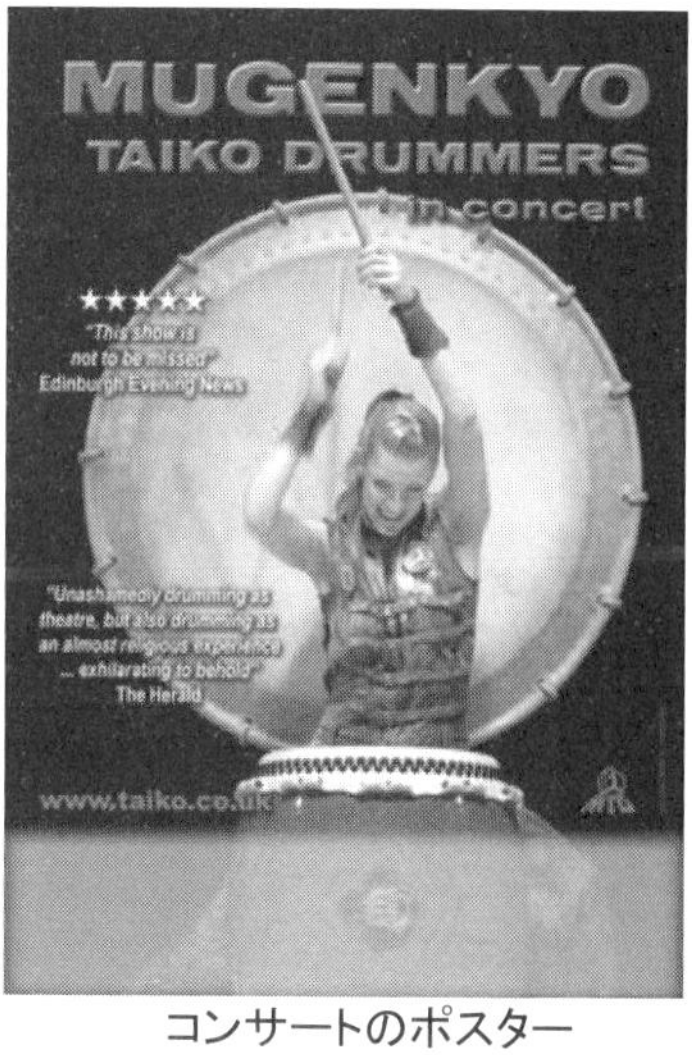


コンサートのポスター

春のツアー
ポスター
（2008年）

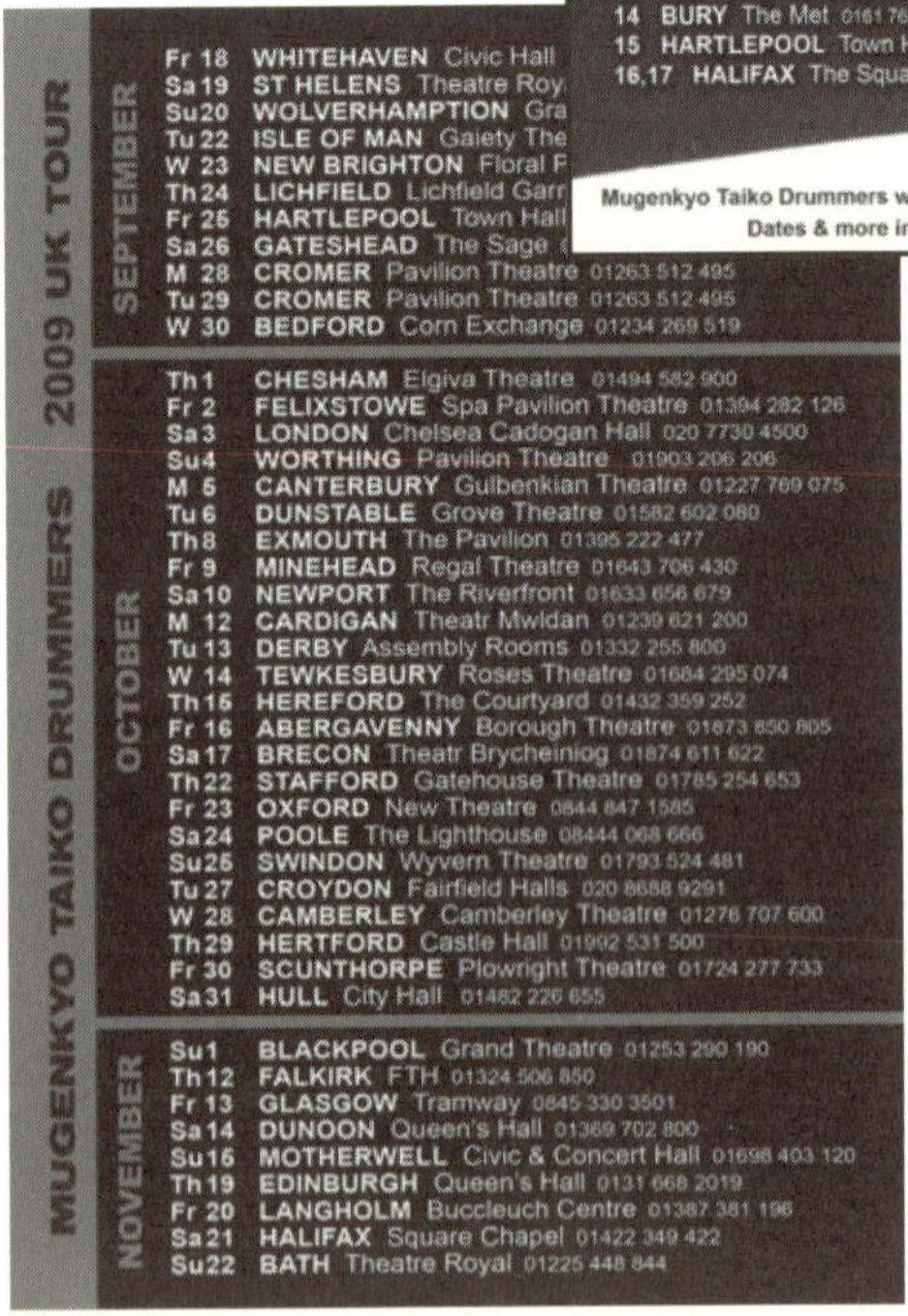


15周年記念ツアー
ポスター
（2009年）

て表彰された。初めて足を踏み入れる領事館での感謝状授与の式典、パーティと興奮の連続だった。

和太鼓をやろうという若者だから、皆日本びいきである。領事館に行くのなら、日本的な格好をしたかった。とはいっても、太鼓演奏の時の祭り半纏くらいしかない。美雪は浴衣を一枚持っていたが、これは季節外れである。

美雪はワシントンにいる私に電話してきた。

「ママ、いらない着物ない？」

いらない着物なんてないが、なんとかあるだけの着物をスコットランドに送った。着付けができるのが美雪だけということもあり、結局、オフィス・スタッフの女の子ひとりだけが着物を着て領事館を訪れた。それでも領事館の人たちが驚き、喜んだのは言うまでもない。

領事館でのあついもてなしにメンバーは感激した。無限響への感謝状と賞金を受け取ったメンバーたちは、決意を新たにした。

この時のメンバーにはテリーザ、フィ、ショーナ、ジェネファーと女性が多かった。十五周年記念として三枚目のCDを作り、初めてのDVDも製作した。CDやDVDのセールからの収入も馬鹿にならない。無限響を始めてからのCD、DVDの販売枚数は合わせて二万枚にも上る。劇場からのギャラより多い時もある。そして、CDやDVDのセールによって、明らかにファンが多くなっているような気がした。自分の葬式の時に無限響の音楽をCDで流してもいいかと聞く人や、音楽を聴きながら無限響のTシャツを着て埋葬されたいなどというファンも出てくるほどになった。無限響という名前を英語や日本語で刺青する人たちも出てきた。

こう書いてくると、無限響の活動は順風満帆のように見えるが、実は様々な困難と闘っていた。最大の問題は、演奏者が時々替わることだった。太鼓は、一人ひとりの奏者の技量はもちろんのこと、全員の息がぴったりと合わなければならない。メンバーが替わればまた一からトレーニングしなければならない。オフィス・スタッフも同じで、仕事の内容を理解し、メンバーを支えられるようになるにはそれなりの時間がかかる。

無限響を質の高い太鼓演奏グループに育てあげたいという強い信念を持っていたニールは、完璧を期し、時にはメンバーに厳しく接することもあった。そうしたニールの熱意をメンバーは理解できたかどうか。報酬などの経済的な面でも十分な待遇ができていないのだから、辞めていく人が出るのもやむを得ないのかもしれない。音楽、演劇などの世界では、それだけで食べていける人はごくわずかというのは知っていたが、メンバーが抜けるたびに落ち込んでいくニールの姿を見ると、なんともやるせない気持ちになった。

無限響が結成された頃は、イギリスの経済は好調で、芸術活動への支援も得られやすかった。無限響の演奏活動も、小さな劇場からだんだん大きな会場にも出演するようになっていった。イギリス人が知らない和太鼓演奏ではたして客が呼べるのかと不安視する劇場もあったが、それでも未知のイベントに賭けてみようという雰囲気があった。

しかし、経済成長が鈍くなった二〇〇八年頃から、劇場に足を運ぶ人々が減ってくると、客がたくさん入る公演が中心になっていく。経営的な判断としては当然のことなのだが、集客や宣伝を出演者に要請するようになり始めた。無限響もこうした負担増のなかで必死に活動を続けていった。

二〇一〇年代に入っても厳しい情勢が続いたが、幸いにも無限響には、アイルランド、ドイツ、フランス、イタリア、オランダ、ウクライナなど外国からも招待が来るようになり、二〇一三年からはサウジアラビア、ＵＡＥ、モロッコ、クウェートなどのアラブの国々からも声がかかるようになった。

二〇一七年七月にはマルタ政府からマルタ島国際芸術祭への招待を受けた。しばらくぶりの朗報に狂喜した。

マルタ島は小さいながら長い歴史のある島である。イタリアの南にあるシチリア島のさらに南にあり、地中海のヘソと言われるほど海の交通に非常に便利な位置にある。今でも残っている神殿遺跡はエジプトの遺跡よりも古く、世界遺産になっている。

エジプトの遺跡よりも五〇〇年も前に精巧な遺跡を作った民族は、何の歴史的形跡も残さず消えてしまったという。そしてその後、フェニキア人、ローマ人、アラブ人、ノルマン人などが島を占領するが、一番最近の占領国はイギリスで一九六四年に独立を果たすまで約百五十年の植民地支配に甘んじた。独立後は中立を守り、ロシアや北朝鮮とも交流し、国の財政はヨーロッパからの投資や観光客も多いために比較的豊かである。音楽や芸術にも力を入れていて、二〇〇六年に本格的に始まったこのマルタ島国際芸術祭も約二十日間、国を挙げての芸術祭となっている。

ギャラも悪くない。断る理由は何もない。その上、七人いる団員全員の飛行機代、滞在費、すべて持つというのだ。こんなにいい条件の招待は滅多にない。公演は七月三日。

美雪とニールはこの招待に全身全霊を込めて取り組んだ。演奏は一時間半。どんな曲を演奏したら初めて太鼓音楽を聞くマルタ島の人たちをエンジョイさせられるだろうか、演奏順はどうするか、どんな風に説明したら分かってもらえるか、島の人たちに大太鼓を聞かせたらきっと驚くだろう、等々考えるべきことはたくさんあった。毎日が忙しくなった。

マルタ島は観光地、七月は真夏。スコットランドから行ったメンバーたちは暑さには慣れていなかったが、演奏は夜の九時からだった。コンサート会場はマルタ島の首都ヴァレッタの中心にある元オペラ劇場だった。第二次世界大戦時、イギリス領マルタ島はドイツ軍の激しい空爆を受けた。オペラ劇場も二本の柱を残して木っ端微塵に壊されてしまった。戦後マルタ島が独立し芸術を重んじる国政になったのを機会に、壊されたオペラ劇場を再建するのだが、その時昔のままの劇場を再現するのではなく、近代的な野外劇場に変身させた。芸術愛好者の若者にアピールするような劇場になり、そこで国際芸術祭を開催することになったのである。

演奏会は大成功に終わり、一行は翌日スコットランドへの帰途に就いた。空港でちょっとしたハプニングがあった。出発直前、こんな機内アナウンスが流れた。

「皆さん、大量の荷物のため機内がアンバランスになっています。これから荷物を動かしてバランスを良くしなければなりません。しばらくお待ちください」

小さい飛行機に太鼓や置き台、小物など十四個のスーツケースを積み込んだ無限響のせいかもしれない。結局、四十分遅れで出発はできたので、一行はホッとした。

# 3

# さまざまな苦難と闘う

無限太鼓道場メンバー全員の練習風景（2013年）

## 片腕をなくした無限響

二〇一〇年冬のある日、ワシントンで一人暮らしをしている私に美雪から電話があった。妊娠したという嬉しい知らせだった。と同時に、「ママ、助けて！」という声が聞こえてきた。めったなことでは弱音は吐かない娘だけに、何かあったに違いないと思った。詳しく聞いてみると、無限響のメンバーのテリーザが一週間後に辞めると言ってきたという。十年間も続けているベテランメンバーだ。「どうして？」と聞いても「私には何が何だかわからない」と言うばかり。

テリーザはスコットランド西部の小さな島アラン島出身で、大学で音楽科に入りフルートを勉強していた。無限響の週末ワークショップに参加して太鼓好きになり、メンバーとして十年間、無限響を支えてきた。また、教えることも上手なので、週に二回の太鼓教室や学校での演奏でも、時に美雪の代わりが勤まるほどだった。演奏会では、休憩の時に得意のフルートを吹いて観客を楽しませたり、舞台の照明担当もこなした。テリーザは「無限響」には欠かせないメンバーになっていた。

そんなテリーザの存在があったから、四十歳になっていた美雪も子どもを作っても大丈夫と思ったのかもしれない。

秋のツアーからグラスゴーに戻った十二月のある日、美雪はテリーザに自分が妊娠したことを告げ、今後の「無限響」について協力してほしいと頼んだ。ところがその翌日、テリーザは「無限響」を辞めたい、それも一週間後にと言ってきたというのだ。突然の申し出に驚いた美雪にテリーザはこう言った。

「自分は今まで太鼓にばかり熱中していたけど、他のことも経験したいので学校に通いたい」

美雪は、学校へ行きたいのはわかるけれど、自分を助けると思って、子供が生まれるまで待ってくれないか、それが無理なら次のメンバーを見つけるまで、せめて一ヵ月は待って欲しいと泣いて頼んだそうだ。ところがテリーザは、そんな美雪を冷たく退けて、絶対自分の意見は変えられないと、一週間後には辞めてしまった。

テリーザが無限響に来たのは音楽大学を卒業してすぐだった。大学ではフルートを専攻したが、大学を卒業したからといってすぐに職が見つかるわけではなかったので、定職が見つかるまでと軽い気持で無限太鼓道場での太鼓クラスを取り始めた。テリーザは音楽家としてのリズム感は良かったが、おどおどしていて自信がなさそうで、舞台に立って演奏する度胸まではないようだった。スコットランドの西側にあるアラン島という小さな島の出身のせいなのかもしれない。美雪もニールも始めはあまり期待をかけていなかったのだが、年を重ねるごとに太鼓の技術が上達し、舞台上での度胸もついてきたので、無限響ツアーに行くメンバーが足りなくなると、後ろの方で演奏する機会も与えられるようになった。そして無限響にはなくてはならないメンバーに成長していった。

さらにありがたかったのは、テリーザは教えることも好きだった。道場でのクラスや学校に行って教える仕事も嫌がらず、美雪の代わりが務まるようになっていった。覚えるのも早いし手先も器用だったので、演奏の際の照明まで教え、頼りにした。そんな風にして十年近くたち、テリーザも三十歳になっていた。

ボーイフレンドが出来て同棲するようになった。テリーザは結婚して子供のいる家庭を築きたいという希望を持っていた。それなのに、無限響の仕事に追われてボーイフレンドと過ごす時間が少ないと文句を言うようになってきた。ボーイフレンドとうまくいかなくなると無限響のせいだと思い、「辞めたい」と口走り始めた。それは美雪にはとても受け入れられないことだった。彼女のほかに自分の代わりが務まる人はいないからだ。

テリーザが辞めたがっているのは一年前から聞いていたが、次のツアーが終わってから、次のワークショップが終わってからと、ついつい先送りにしてきた。そして美雪の妊娠がわかった。テリーザはこのままでは自分の責任がますます大きくなると思い、次の人がみつかるまではという美雪の涙ながらの願いも聞き入れず、すぐに辞めてしまった。美雪もニールもこの時はパニックになった。

秋のツアー終了直後だったので、しばらくは演奏の予定は入っていなかったが、週二回の太鼓教室は続けなければならない。代わりの人が見つからなかったので、身重の美雪が教えることになり、忙しい毎日がさらに忙しくなった。そんな状況のなかでワシントンの私に電話をかけてきたのだ。母親として、すぐにでも飛んで行きたかったが、よく考えてみると、私にできることはあまりない。太鼓を教えられるわけではないのだから。むしろ、子どもが生まれてからなら役に立てることはある。結局、出産後にスコットランドへ行くことにした。

テリーザが辞める時は一騒動あったが、四、五年経ってからテリーザの消息を美雪に聞いてみた。テリーザは辞めてからも美雪たちと連絡をとっていたので、どこで何をしていたか美雪は知っていた。テリーザは行きたかった学校に進学し卒業したが、希望していた音楽セラピストにはならなかった。イタリアに旅行した時、二十歳も年上のイタリア人の金持に見初められて結婚。今では毎日贅沢な暮らしをしているのだという。そして時々夫婦揃ってスコットランドにも来ているという。そして、無限響での生活を懐かしく思い、二〇一四年の無限響二十周年記念コンサートには特別主演者として出演している。

私がテリーザのことを聞いたその年、何とそのイタリア人の夫と一緒に無限響を訪れるというではないか。その日は日曜日だった。道場のワークショップがある日だったので美雪もニールも忙しく、私もベビーシッターで忙しかった。とても食事の用意などできない状況だったのだが、テリーザと旦那さんは夕食時に来たいと言っているという。ニールは私にフィッシュ・

アンド・チップスを買ってきてほしいという。私は子供たちを連れて町まで出かけた。

二人が現れた時は、子供たちはベッドに入り、美雪とニールもワークショップの仕事が終わっていたので、皆で私が買ってきたフィッシュ・アンド・チップスをディナーとして食べた。

しかし私は腹の中が煮え繰り返るようだった。あの時のことが忘れられないのだ。いまさら顔を見せられるのか？　よくもこんな忙しい時に来られるのか？　それもディナーの時間に？　そんなに金持なら夕食ぐらい持ってきても良さそうではないか？　考えれば考えるほど怒りが高まっていった。

皆は和気藹々と、美味しい美味しいと言いながら食べていた。やがて食べ終わると、「また来年も来るからね」と言って二人は機嫌よく帰っていった。ニールも美雪も「来年もまたいらっしゃい」と言い、ニールなどは、「今年は何もおもてなしできなかったけど、来年来る時には何か美味しいものを料理してあげますよ」などと言う。私は呆れかえってしまった。テリーザたちが帰ったあと私は二人に聞いた。

「どうしてそんなに親切にする義理があるの？　あの時のこと忘れちゃったの？」

「最初の頃は恨んでいたけど、我々はテリーザに負うことが大きかったって気づいたんだよ。テリーザが十年以上も一緒にいてくれたから、今の無限響があるんだってね。テリーザのように長く付き合ってくれた人は他にいないからね」

ニールは日本滞在中に、演奏技術とともに礼儀作法がいかに大事かを学んだ。剣道、柔道などの武道をはじめ、歌舞伎、琴、茶道、華道などは、テクニックだけでなく精神的な境地を極めることを重視している。それは自己研鑽であり、他者への尊敬、感謝につながる。ニールは日本で学んだこと、「太鼓のこころ」をイギリス人にも教えようとした。ところが、これはなかなか理解してもらえなかった。面白いから太鼓のテクニックは覚えたい、しかし礼儀だの何だは面倒くさい。これが平均的なイギリス人の反応だった。国民性の違いもあるのだろう。

さすがに無限響のメンバーたちはニールの考え方をある程度は理解していたようだが、それでも、ある程度のテクニックが身につくとさっさと辞めていってしまう人が少なくなかった。十年も続けたテリーザに絶対的信頼を寄せていたのは「太鼓のこころ」を理解、実践していると思えたからだった。

## 長男バックスター誕生

テリーザに突然辞められ、途方にくれていた時、日本から驚きの便りが届いた。それは二〇一一年五月に、石川県白山市松任で行われる太鼓フェスティバル「白山国際太鼓エクスタジア」への招待状だった。同市の浅野太鼓がスポンサーになって、日本各地から太鼓奏者が一同に会する最高の演奏会である。以前から機会があればという話はあったが、なかなか実現しなかった。やっと招待されることになった。太鼓をプロとしてやっている無限響にとってこれほどうれしいことがあるだろうか。そのうえメンバー五人の旅費と滞在費は日本側が負担してくれるという。

ニールと美雪には、無限響のメンバーと太鼓教室の生徒たちを日本へ連れていってあげたいという願いがあった。だからこのニュースは皆を有頂天にさせた。しかし、テリーザが急に辞めたので、無限響は真ん中にぽっかり穴があいたようになってしまった。

それでもニールと美雪はへこたれなかった。日本で恥ずかしくない演奏のできるメンバーとして、ショーナ、マーティン、バーリ、ジョアオを選んで特訓した。ショーナ以外は全部男性であり、その中の二人は大学院の博士課程に在籍している学生である。熱心に太鼓教室に通い続け、腕もめきめき上がってきていたので、秋や春のツアーでも時々舞台に上がっていた。

そして、太鼓教室の生徒たちにも日本にいつかは連れていってあげると約束していた。日本へ行って皆が参加できるようなワークショップがないか、見学できる演奏会がないかと調べた。日本行きの準備は着々と進んでいたが、二〇一一年三月一一日、東日本大震災が起き、東京電力福島第一原子力発電所の爆発事故が起きた。スコットランドでも大々的に報道され、放射能が危険な状態だと言われた。イギリス政府も自国民の日本への旅行を一時控えるようにしたので、結局、無限響の日本行きはご破算となった。しかし、幸い日本の主催者側からは、翌年の招待の確約をもらった。無限響は日本に行く代わりに、三月二十五日（日曜日）、グラスゴーで被災地支援のコンサートを開いた。会場では二二〇〇ポンドもの募金を集め、日本赤十字社に送金した。

しかし、この予定変更は困ったことになった。完全に計算が狂ってしまったのだ。子どもが生まれる前ならば、ずいぶん自由がきく。一緒に行く太鼓教室の二十五人の生徒さんの面倒も見られる。ところが、一年先になると、美雪は乳飲み子を抱えて日本に行くことになるのだ。

日本行きは延期となったが、美雪のお腹はどんどん大きくなっていった。とはいえ、産休を取るわけにはいかない。この年は春と秋にツアーが予定されていたからだ。春は三月に十七回、四月に十九回、美雪は大きなお腹をかかえていつもの演奏に参加した。

いよいよ臨月の八月を迎えた。

八月はイギリス全土で夏を祝うフェスティバルが多く、無限響の出演機会も多かった。美雪は四月以後演奏には参加しなかったが、週二回の教える仕事は直前まで続けていた。八月六日第一子バックスターが生まれた。予定日より二週間早い早産だったので三一二〇グラムの小さな男の子だった。

美雪は、一年間は母乳で育てると決めていたので秋のツアーには参加できない。無限響は九月九日から十一月十九日までの四十回もの秋のツアーを美雪抜きで行うことになった。ツアーは初めてというメンバーが三人もいたが、彼らが太鼓やその他の道具の運搬、舞台設営、照明などを責任を持ってやらなければならなかった。ニールは三年前に膝の手術をしていたので、重い物を持つことができなかった。

九月初旬、私はスコットランドに向かった。ベビーシッター兼家事手伝いである。

ツアーに参加しないといっても、美雪は子育てに専念していたわけではない。無限響の公演を成功させるためのサポート業務が実にたくさんあったのだ。居間のテーブルにコンピューターを置き、一日中かじりついていた。特に劇場の照明についてはこと細かく電話で指示を出さなければならなかった。以前は劇場の照明係の人に任せていたのだが、なかなか思うような照明効果が得られず、自分たちでやることにしたのだ。この仕事はテリーザがこなしていたが、後任のメンバーではまだまだ間に合わなかった。劇場ごとに照明装置も異なるので、結局美雪

ロンドン・ジャズ・フェスティバルに出演(2011年)

長男バックスター
4ヵ月

が毎晩こまかい指示を出すことになった。

美雪の隣には赤ちゃん用の椅子があり、バックスターが座っている。赤ん坊はお腹がすくと泣き出す。母親は抱きかかえてお乳を飲ませる。これを繰り返していた。バックスターはお腹が一杯になると両手を上げてバンザイをするので、それまで飲ませ続ける。お腹が一杯になってぐずり出したら私の出番となる。

日本ではすぐおんぶするが、スコットランドでは抱っこしてゆっくりとゆすりながら寝かしつける。しかし、バックスターはスコットランド式ではなかなか眠らない。階段を上ったり降りたりすると赤ちゃんはすぐ眠ると本に書いてあったので試してみた。家の階段を何度上がったり下りたりしたことか。五回も六回も往復するとさすがに私の方が疲れる。

バックスターが眠ったら、美雪と自分の食事を作る。これが意外と大変だった。まず自分の台所ではないのだから、使い勝手が違う。そして、あれもない、これもないといっても、足りないものを買いに行くための車もないし時間もない。結局、ある物で工夫しなければならないのである。

また、無限響のツアー中でも演奏を頼まれることがある。そんな時は、無限太鼓道場のメンバーの中からグループを作って演奏をこなす。ほとんどの場合、一日で帰って来られるくらいの距離なので、美雪も同行し演奏に参加することが多かった。母乳で育てている以上、赤ん坊とベビーシッターの私も同行しなければならない。赤ん坊はママの演奏が終わるまで待つのだが、お腹がへると泣きやまないこともあった。母乳以外何も与えられないので、泣き声が観客に聞こえないように私はただママが会場から出てくるまで歩きまわるしかなかった。

## 日本での太鼓フェスティバルに招待される

「白山国際太鼓エクスタジア」は、一九九三年に浅野太鼓の浅野昭利専務が和太鼓の可能性を探るために始めたイベントである。最初は野外で行われていたが、天候急変など予測不能の事態が相次いだため、会場を石川県白山市の松任文化会館に変えたことにより、屋内で安定した公演を行うことができるようになったという。毎年一つのテーマを設け、テーマに即した優秀なグループを全国から選び抜き、一組十五分から二十分の演奏でプログラムを組む。

浅野氏がこのイベントを企画した動機は、福井県、石川県に伝統的に伝わっていた三ツ打ちこそ北陸の太鼓文化の原点ではないかという信念を日本全国、ひいては全世界に知ってもらい、三ツ打ちが地域を超えてどのように発展していくかを見届けたかったという点にある。

日本の太鼓文化は佐渡で始まった「佐渡國太鼓座」である。それ以前は、日本の農村地域の五穀豊穣を願うための季節ごとの祭りや、機会あるごとに太鼓を鳴らして人々を勇気づけるのに役立ててきた。戦後、機械化などによる収量増大で農村に暮らす人々の生活に余裕が出てきたことから、温泉でくつろぐなどの慰安旅行が盛んになり、各地の温泉旅館で客を迎えるためめに太鼓が使われるようになった。それでも毎回の演奏は十分か十五分と短いもので、大勢の人々の前で長時間演奏するものではなかった。そんな太鼓のイメージを変えたのは「佐渡國太鼓座」だった。「佐渡國太鼓座」は初めて、太鼓を一つの音楽芸術として大成し、世界に訴えかけたのだという。

「佐渡國太鼓座」が佐渡島で訓練を始めた一九七〇年頃、座員が石川県と福井県で三ツ打ちを学び、大バイと小バイが独特の妙を聞かせる打ち込みを大太鼓の打ち方に取り入れたのである。無限響がヨーロッパ代表として招待された理由は、ヨーロッパで増えつつある太鼓グループの中で、北陸に発祥した三ツ打ちを理解し、守り、続けている数少ないグループの一つだからだとのことだった。

無限響は、メンバーと太鼓教室の生徒たちが、スタディ・ツアーとして日本に行くことになった。前年の希望者二十五人のうち六人は一年待てないと言って、すでに日本に行っていたので、残りの十九人が参加することになった。

「ママ、助けて！」

またまたワシントンの私に美雪から電話がきた。子どもを連れて日本のフェスティバルに参加したいという。生後十一ヵ月のバックスターのベビーシッターとして一緒に日本に行ってほしいというのである。私はもちろん承知した。

フェスティバル会場の石川県に行く前の数日、私たちは東京で過ごした。メンバーの人たちが東京のあちこちを回っている間、私はバックスターを連れて浅草の繁華街「六区」のROXビルの「まつり湯」に行った。いろいろな種類のお風呂やサウナがある施設である。バックスターは生まれた時からお風呂が大好きで、泣き止まない時などお風呂に入れると黙るくらいだったので、そんなお風呂好きのバックスターを喜ばせようと思ったのだが、湯気がもうもうと立っている風呂など見たこともないバックスターは怖がるだけで、とうとう一回も入らなかった。窓からは出来たばかりの東京スカイツリーが見えた。

「ほら、あれ、素晴らしいでしょう?」

ベビーシッターの私は懸命に子供の気をひこうとするのだが、バックスターは見向きもしなかった。

「白山国際太鼓エクスタジア」会場の松任に入った。国際といっていても外国からの参加は無限響だけのようだった。無限響が演奏する時は、バックスターにもパパとママが演奏する姿を見せたかった。ニールも美雪も同じ気持だったが、十一ヵ月の子がはたしておとなしく見てくれるだろうか。もっと小さい時はすぐに寝てしまうので楽だったが、十一ヵ月ともなるとそうもいかない。会場に入ると、しばらく静かに聞いていたが、次第にむずかりだしてきた。私はあきらめて会場の外に連れて出ると、ボランティアで働いていた日本人の若い女性たちがす

白山国際太鼓エクスタジアのポスター（2011年）

ぐに寄ってきた。

「バックスターちゃんの面倒は私たちが見ますから、会場に入って演奏を聞いてください」

あれだけぐずっていたバックスターも若い女性たちにちやほやされるのがうれしいのか、おとなしくなったので、彼女たちにお願いして、私は日本全国から集った最高の太鼓演奏を堪能することができた。

私はバックスターがむずかり出したらすぐ外に出られるように、出口に近い所に席をとっていたが、次から次に現れる太鼓グループにすぐに呑まれるように引き込まれていった。私は日本で太鼓の演奏を見たことがなかったから余計に感動した。うまい。皆うまい。毎年十組が選ばれて演奏するそうだ。別にコンペティションではなく、浅野さんが考えるその年のテーマに合った、地方でも上手だと評判が良くて名の知れたグループを招待するのである。毎年異なるグループが演奏するのだとすれば日本全国にはかなりの数の優秀な太鼓グループが存在するのだろう。

無限響は男性五人、女性三人、割りと新しく編成されたメンバーだったが、美雪とニール以外は皆二十代の若者なのだ。溌剌としていて、決して他の日本人のグループに見劣りすることはなかった。

ニールと美雪は、このイベントに例の吉田さんを招待するのも忘れなかった。「領収書はいらないよ」と言って渡した六十万円が無限響の太鼓となって戻ってきて、ここで演奏が聴けるとは思っていなかっただろう。吉田さんの援助なしでは今の無限響はなかったのだ。しかし、残念ながら吉田さんは当日会場には来られなかった。

無限響は、エクスタジアでの演奏だけでなく、大阪で車屋先生の響太鼓と共演し、和太鼓トカラの演奏会では無限響のメンバーのほか一緒に来ていた太鼓教室の生徒たちまで演奏の機会を得た。そのほかメンバーは、浅野太鼓工場や宮本太鼓工場の見学や、有名な太鼓の先生たちのレッスンを受けたり、三宅太鼓のテクニックを六時間もかけて教えてもらったりした。

実にさまざまな体験をさせてもらって、一行はスコットランドへの帰途に就いた。

## 次男マイロ誕生

日本への遠征は大成功だったと言ってよいだろう。一年も先延ばしになったのに、離脱する人はいなかった。メンバーたちはさらなる日本びいきになったようだった。道場の雰囲気も明るくなり、皆ますます熱心に練習に励むようになった。

テリーザが抜けたあとを補うため、美雪とニールは新たに三人をフルタイムで雇うことにした。プロとして扱うことにより、練習の時間を増やせるし、演奏のクォリティも上がる。それに、すぐには辞めないだろうとも思った。予想通り、無限響の演奏は一段と素晴らしくなってきたと感じた。美雪とニールは、この機会に新しいＤＶＤやＣＤ製作の構想を練り始めた。

美雪は第二子を身ごもり、二〇一四年三月に無事出産した。前回のようなドタバタはなく、平穏ななかで次男マイロは誕生した。

時代が変わり、状況が変わり、家族が変わる。それは、自分たちと無限響との関係も変わるということであり、仕事と私生活の区別をきちんとつけるようにした。マイロが生まれてから、美雪は無限響のメンバーと子供たちをあまり一緒にしないようにし、子供たちには太鼓は遊び道具ではないということを教えることにした。バックスターにも、太鼓を素手で触ったり、叩いたりすることは許さず、許された時だけバチを使って叩くことを教えこんだ。子供たちも美雪の言いつけをよく守り、メンバーが練習している時は道場には入っていかなかった。

二〇一四年は無限響結成二十周年の年であった。美雪は、七ヵ月のマイロと三歳のバックスターを連れてツアーに加わることを決意した。そのためには綿密な準備が必要だった。通常、宿泊地は次の演奏地に向かって一時間ぐらいのところにとる。演奏終了後は興奮しているから、一時間くらい走れば少しは落ち着いて眠れるというわけである。そのうえ翌日の移動時間も一時間節約できる。まさに一石二鳥である。しかし、これは大人の都合だ。子どもたちは一刻も早くママに会いたいのだ。そこで、子どもたち二人と美雪と私は会場近くの宿をとった。こうすれば美雪はギリギリまで子どもたちと一緒にいられるし、終わればすぐに帰って来られるからだ。

しかし、子どもにかかりきっているわけにはいかない。子どもたちはベビーシッターの私が世話をするのだが、美雪は私たちを公園や遊園地に送り届けると、劇場にとって返し、演奏の準備をしなければならない。終演後も後片付けがある。休む暇もない働きぶりに、私は感心したが、体が大丈夫かと心配であった。

ママが子供たちにバイバイと言って劇場に行ってしまうと、子供たちの責任は私になる。第一回目の年はバックスターは三歳二ヵ月、マイロは七ヵ月。

マイロはまだ乳母車の中だからバックスターを連れてあちこち遠出はできない。結局、ママがいない時にはホテルの部屋の中で過ごすことが多い。玩具なども少しは持ってきているが、毎日同じなので、やはり子供も飽きる。そのうちバックスターは太鼓演奏ごっこを考えついた。まずベッドが舞台。太鼓は、玩具の太鼓を日本人のファンからもらったのがあるのだが、ホテルの両隣の部屋の客の迷惑になるので持ってこなかった。太鼓の代わりになるものはないかと狭い部屋の中をあちこち探し、とうとうそれらしきものを見つけた。二、三日前、どうしても炊きたての白いご飯が食べたかったので炊飯器を買った。その箱が捨てずに置いてあったのだ。そしてバチは私が持ってきていた古い割り箸が役に立った。こうしてバックスターは太鼓の演奏をするのである。

演奏の始めと終わりのお辞儀も忘れない。ニールがいつも演奏の前にするウェルカムで始まる挨拶も忘れない。私とマイロは観客である。観客はそこにじっと坐って見ていなければならない。そして、演奏の後の拍手喝采も忘れてはならない。

バックスターが特にこだわったのは、バチの持ち方だ。無限響の持ち方はこう、御陣乗太鼓の持ち方はこうと、うるさい。何度も練習をした。いろいろなチームの演奏はユーチューブで見ているのだ。特にバックスターが好きなのは石川県輪島の御陣乗太鼓グループ。多分お面をつけて踊るようにして太鼓を叩くからなのだろう。バチの持ち方などもよく注意して見ている。

そのうち、お面をつけたい、お面が欲しい、お面を作ってちょうだい、になってしまい、それには困った。

「今度日本へ行った時、買ってきてあげるから」と言ってなだめてもきかない。いますぐ欲しいのだ。紙だって薄っぺらなタイプ用の紙しかない。その上ひょっとこが欲しいとも言う。ひょっとこの顔を書くのさえ難しい。特に口の辺りが難しい。何度描いてもオーケーが出ない。

とうとうバックスターは私からペンを取り上げて、「そうじゃないんだってば、こうなんだよ」と描こうとするのであるが、三歳の子供が描くひょっとこの口なんて決して上手とは言えない。しかし、バックスターはおばあちゃんのよりはいいと言い、それで面を作り、御陣乗太鼓スタイルの太鼓演奏をした。子供なりに真剣そのものだったが、ベッドの上で炊飯器の箱の周りを叩きながら回っているうちに、薄い紙っぺらの面はすぐに破れてしまった。これでバックスターの太鼓演奏遊びは終わり。見ている方もくたくたに疲れてしまい、マイロもいつのまにか静かに寝てしまった。

子供を引き連れてのツアーは本当に大変だ。子供にとっても決して楽しいものではない。このツアーの翌年、二〇一五年の秋のツアーが子供たちと私の最後のツアーになった。それはバックスターが翌年五歳になるからだ。五歳になると小学校に入学する。スコットランドでは学校を休ませるのは非常に難しいという。休めるのは一年を通じて九日間だけで、それ以上休むと親に罰金が課せられてしまう。それもバカにならない金額だ。そのためニールも美雪も子供

ニールと美雪（2016年） 撮影：マーティン・レイノルズ

太鼓道場
練習風景
（2014年）

忍者姿でパフォーマンス（エジンバラ城、2013年）

美雪とステラ
ウェスタン・スーパーメアー劇場（2016年）
撮影：マーティン・レイノルズ

客席ではスタンディング・オーベーション
ウェスタン・スーパーメアー劇場（2016年）
撮影：マーティン・レイノルズ

次男マイロ　　　　　　　長男バックスター

炊飯器の箱と割り
箸で太鼓演奏する
バックスター

はツアーには連れて行かないことにし、子供たちは家でベビーシッターと待機させることにした。そのベビーシッターを私がかって出たのである。これが二〇一六年からの仕事になった。

この秋のツアーは、ニールをリーダーにジョーナ、マーティン、バーリ、ジョアオが演奏し、大好評だった。このメンバーの息はぴったり合っている。きっとこれからもうまくいくだろうと思っていた。

しかし、美雪とニールには大きな不安があった。この時の無限響は、ニールと美雪を入れて六人の演奏者と二人のオフィス・スタッフの合計八人のフルタイムを抱えていた。仕事は十分に入っていたが、どんなに劇場が満員になっても、諸経費や給料を払うと、ほとんど残らないか、むしろ足りないという状況だったのだ。

それに、二人目の誕生を契機に、美雪とニールの住居も何とかしなければならなかった。古い農家は改築して太鼓練習場としては申し分なかったが、自分たちのベッドルームや台所、トイレは壁も剥がれ、カーペットも擦り切れてきている。暖房装置も十分働かず、窓から風がヒューヒュー入ってくる。少しずつ手を入れていけばよいと考えていたのだが、無限響の財政が厳しくなり、それどころではなかったので、むかし馬小屋だったところを住居に改築することにした。

美雪とニールは大きな決断をした。オフィス・スタッフを一人とし、演奏者は演奏した時だけギャラを支払うやり方に変更することにしたのだ。借金だらけの無限響にしないためにはこれしか方法がなかった。メンバーたちが容易に受け入れてくれるとは思わないが、現在の財政事情を丁寧に説明すると、彼らはみな了解してくれた。渋々だったのだとは思うが。

給料がかなり減ってしまうので、メンバーたちは仕事探しを始めた。バーリは博士号を持っているだけにすぐにフルタイムの仕事を見つけたが、仕事場が無限響からかなり遠いところだったので、自然に無限響から遠ざかっていった。マーティンは太鼓に専念したいと、パートでも無限響を選んだ。美雪は、マーティンに演奏以外の仕事もやってもらい、少しでも収入を増やしてあげようと考え、オフィスの仕事を頼むことにした。しかし、ニールたちの思惑通りにはいかなかった。前よりも仕事が増えても給料は減るわけだから、かえって不満を持ってしまったことが後でわかる。ショーナも博士号を持っていたが、すぐに仕事を見つけることはせず、マーティンと一緒に辞めるまでの二年間、無限響でパートで教えることを選んだ。

## ニール倒れる

美雪とニールは二〇一六年の秋のツアーの後、ワシントンへの家族旅行を計画していた。秋のツアーも終わり、冬の期間は演奏の依頼は少ない。それに、十一月末にニューヨークに住む美雪の弟健次に第二子が生まれたのでその出産祝いもしたかった。

しかし、二人の子供と寛ろいでいたニールは二〇一七年一月、、突然胸が締め付けられるような痛みに襲われた。気づいた美雪がすぐに救急車を呼んで、ニールは病院に搬送された。検査の結果、軽い心臓発作とわかり、原因を調べるために一週間の入院を宣告された。

一週間後に退院したが、一ヵ月後の再検査が終わるまで、車の運転、きつい運動、重い物の持ち運び、飛行機の搭乗などが禁じられ、静かに家で過ごすよう医者に言い渡された。予定していたアメリカ行きはキャンセルしなければならなかった。

運良く演奏の依頼はなかったので、週二回の太鼓教室は美雪が引き受け、ニールは安静に過ごした。彼は、心臓発作の原因をあれこれ考えた。五十六歳になっていたニールは高血圧気味だ。しかしコレステロール値は低い。高血圧も検査では薬を飲むほどではないと言われていた。美雪は、やはり今回の発作は過度のストレスが原因なのではないかと疑った。

大きな体に似合わず、ニールは神経の細やかなところがある。無限響に太鼓を習いにくる人たちは、太鼓は習いたいけれど、テクニック以外のこと、たとえば先生や先輩、目上の人たちを敬うといった東洋的価値観を理解しようとしないことにいつも腹をたてていた。

新しい道場を建て、太鼓教室に来る人も増えてきたが、ニールは教室に入る生徒には十九頁の小冊子を渡している。

これは道場が開場された時に書かれたもので、「無限太鼓道場メンバーシップ入門書」ともいえるものである。「無限太鼓道場は二〇〇一年から始まり、イギリスで太鼓芸術の発展、発達、伝達の目的をもって始まった」とあり、さらに道場の目的、無限響と道場の関係が書かれ、道場のメンバーや無限響のメンバーになるためには絶え間ない努力が要求されること、太鼓道、無限太鼓道、気、無、心、響の意味などを理解しながら、次第に発展していくことを予測して教え、学ばなければならないと説く。

さらに、太鼓道を学ぶに際しての心構えとして、次の三つをあげている。

一、学ぶことに対して心を開く

二、先生、先輩に対して、尊敬の念を持ち、謙虚にふるまうことを学ぶ

三、自我と演奏　良き演奏家になるためには、自我を失くさなければならない。同時に自信を持ち、自己をコントロールしなければならない。

そして、道場は太鼓に関係する時のみに使われるべきであり、同時に道場は常に清潔を保た

ねばならないとしている。

また、スコットランドの道場ではこの通りにしなくてもいいものの、日本での道場の有り様の一例を書いている。日本では道場に入る前に両手を合わせ、礼をし、まず左足から道場に入る。道場を出る時には、道場の方に向いて手を合わせて礼をし、右足から出る。

道場内では先生、先輩、後輩がはっきりしていて、それぞれ立場に応じて行動しなければならない。

道場内のエチケットとしては、太鼓やバチの扱い方、道場に着いたらまず何をしなければならないか、セッション参加の仕方、終わったらどうするか、自分で個人的に練習するにはどうしたらいいか、演奏する時には何が必要か、等々。

そして、無限太鼓道場の組織やクラスの内容についての説明がある。

最後は、「イギリスでは比較的新しい形の芸術である太鼓の発達のために一つになって、一緒に頑張りましょう」と結んでいる。

しかし、太鼓を学ぶ際の心構えを教えようというニールの気持ちはメンバーにはなかなか理解されなかった。彼らはニールのやり方に文句を言い、ニールと言い争うようになっていた。不満、怒りがニールの中にどんどん貯まっていったようだ。一人だけパート雇用を受け入れたマーティンは、無限響の道場に毎日通い、雑用をして少なくなった給料の穴埋めをしていた。

これは後になって分かってきたことなのだが、その頃、あるいは美雪が出産のために演奏に出られなくなった時点から、当時あまり演奏経験もないのにＢＢＣプロムで演奏したり、その他の一流の劇場で演奏する機会を得たりしたので、これからの無限響は美雪とニールがいなくても自分たちでやっていけると話し合っていたそうなのだ。ところが、美雪もニールも第一線を退く気などないことがわかり、彼らは落胆するとともに怒りを沸き上がらせたようだ。特にマーティンは自分がリーダーになってやりたいと思っていたから、さまざまなことに意見を言うようになった。演奏曲目、舞台装置、太鼓の位置などにも文句を言うので、ニールは頭にきていた。取っ組み合いの喧嘩になることもあったそうだ。また、他のメンバーたちとコソコソ内緒話をするようになり、とても気まずい雰囲気になっていた。ニールの忍耐も限界に近づいていた。

その頃、美雪とニールが不在の時に、マーティン、ショーナ、リサが中心になり、無限響や無限太鼓道場メンバーを集めて会合を開いた。そこで、自分たちの技術が非常に優れていること、ニールと美雪は自分たちを働かせて稼いだ金で自分たちの家を建てていると不平を言い、新しい自分たちだけの太鼓グループを作ろうと提案していたという。皆が一斉に辞める決断をした大きな理由は、夫婦で医者の資格を持っているリサが、新しい太鼓グループに必要な分の太鼓を買い揃えてくれたというのだ。それでマーティンも踏ん切りがついたようだ。それまで、マーティンの収入が増えるようにと美雪はオフィスの仕事をマーティンに手伝ってもらっていたが、マーティンは辞めるまでの間に無限響がそれまでに蓄積してきたさまざまな情報、データを自分たちの新しい太鼓グループづくりの参考にしていたらしい。

リサの件には私もびっくりした。私の知っていたリサはとても無限響に好意的で、何かあるたびに特別な料理を作ってきてくれたり、バックスターやマイロが生まれた時は高価な玩具をプレゼントしてくれたり、セーターを編んでくれたりと、非常に親切な女性という印象だった。しかし、美雪がツアーに行けなくなり、人数を合わせるためにリサが一緒にツアーに参加するようになってから、ツアーに参加している人たちのなかには、差別されたり、仲間はずれにされたように感じる者もいたようだ。

ある日、マーティンが辞めたいと言ってきた。次の週にはリサが、その次の週にはショーナが辞めたいといい、秋のツアーに行った連中がほとんど辞めると言い出した。

実のところニールも美雪もショーナについては驚き、がっかりした。美雪はショーナが高校生の頃から教えてきた。才能があるばかりでなく、性格も素直で、ニールも美雪も自分たちが退く時には無限響をショーナに託したいと考えるほど信頼していた。ショーナは大学卒業後大学院にも通い始めた。それでも太鼓はやめず、美雪に代わって時々太鼓のクラスで教えるようになった。このショーナのクラスにマーティンが入ってきたのだ。ドラムをやっていたマーティンは上達も早く、二人は仲良しになった。ニールと美雪は、いずれショーナとマーティンを無限響の跡取りにできるかもしれないと考えていた。ところが、こうしたことを感じ取った二人はすでに無限響を譲り受けたと勘違いして行動していたのかもしれない。

辞めた連中が新たに太鼓のグループを結成し、太鼓教室も開いているという噂が聞こえてきた。元来純粋なニール、太鼓一筋に損得抜きに頑張ってきたニールにこんなことが起きたらとても普通の精神状態ではいられないだろう。これほどのストレスならば、心臓発作を引き起こしても不思議ではないだろう。

メンバーの大量離脱、ニールの入院。突然の苦境が美雪を襲った。ニューヨークでクリスマス、お正月を過ごす計画は全く望みなしになった。ニールの看病に通い、ショーナが教えていた週二回の太鼓教室を引き継ぎ、四歳半と一歳半の二人の子どもの世話もしなければならない。馬小屋の改築工事も終わっていない。毎日、気が狂うほど忙しくなった。

私は、無限響はこれ以上やっていけないのではと思った。

4

# 「無限響」二十五周年へ

学校廻りで教えた子どもたちの最後の仕上げの演奏会（2017年）

## 二〇一九年の二十五周年記念演奏会を日本で

いつまでも自分たちに起こった不運を嘆いてばかりもいられない。不運は将来への跳躍板としなければならない。二人の子持ちになったことで、自分たちのライフ・スタイルもずいぶん変えなければならなかったが、それはまた無限響のメンバー、特に中心になって頑張ってくれていた人たちの状況の変化ともなった。

美雪とニールは、ショーナ、マーティン、リサの三人を選び、ショーナには道場の、マーティンにはグラスゴーの、リサにはエジンバラの太鼓教室の責任者になってもらうよう特別訓練し、生徒たちにも新しい先生を尊敬し太鼓を学ぶようにと伝えていた。ところが、あろうことか、その三人が自分の教えているクラスの生徒たちに、これから作る新しい太鼓教室に来ないかと誘いをかけていたのだ。美雪とニールはそのことに憤慨した。自分たちのグループを作ることも生徒を集めるのも自然の成り行きだと百も承知してはいたが、一年も前から計画し、実行したことはどうしても許せない。背中から鋭いナイフで刺されたような感じだった。

しかし、いつまでもそのことを悔やみ、悩んでいても問題は解決しない。メンバーのいなくなった今、目の前にある二〇一六年春の十八回のツアーをどうするかが最大課題なのである。

途方にくれていた二人のもとにたまたまアートとゆかりさんから、「どうしてる?」というメールがとどいた。アートとゆかりさんは二〇〇四年に「和太鼓トカラ」というグループを作って以来、長野県飯田市を拠点にして活動している。アートとゆかりさんには一九九五年のドイツでの太鼓フェスティバルで初めて会った。

創立者のアート・リーはアメリカ人で、二〇〇五年に東京和太鼓コンテストで最優秀賞を受賞している。以来、二〇〇四年、二〇〇五年、二〇〇七年と北米大陸横断ツアーをはたし、観衆を魅了し、アメリカの和太鼓界に大きな影響を与えているグループのリーダーである。

二人は日本でも初心者、中級者、上級者向けのクラスを設けて教育に専念するばかりでなく、毎年「幸い下伊那和太鼓フェスティバル」を開いて、太鼓奏者の交流の場を作っている。

ニールと美雪は二人に応援を頼むことにした。アートと奥様のゆかりさん、この二人のスタイルは、無限響の北陸スタイルとは異なるので、トカラと無限響の共演は特別な公演になった。しかし秋のツアーまでアートとゆかりさんに頼るわけにはいかない。無限太鼓道場メンバーの中から頼れるような生徒を選んでトレーニングしなければならない。二人は、マーカス、ステラ、ジョアオ、ブレンを選んだ。この四人は、アートとゆかりさんが来た春のツアーの時も一緒に参加していたので、特訓も第一歩からというわけではないので助かった。

夏の間、猛練習を重ねてきた無限響は予定通り秋のツアーを行った。はたして以前のレベルに達しているか不安も大きかったが、会場は満員続き、演奏後もスタンディング・オーベーションという毎日だった。

しかし、このツアーの期間中にニールの大切な親類が亡くなったという知らせが入った。ニールはすぐさまブリストルまで行くことになったが、まだツアーの日程は残っている。太鼓の演奏は一人でも抜けると全体のバランスがおかしくなってしまう。美雪は公演中止もやむを得ないと思った。ところが、メンバーたちは太鼓の配置を変更して何とかやってみましょうという。結局、二日間をニール抜きで演奏した。この時はスタンディング・オーベーションはなかったが、葬儀から戻ったニールが演奏に加わった最後の日は再びスタンディング・オーベーションで終わった。ニールの存在がいかに大きいかをメンバーたちが思い知らされた出来事であった。

無限響はたくさんの問題を抱えている。しかし、少なくともあと二年は続けたいと美雪とニールは言う。

美雪のパートナーであるニールは、太鼓は人と人とを結びつけるエネルギー源だと信じている。舞台の上で演奏する奏者の自分と、それを聴く観客が一体となって昂揚感、充実感を味わうことが、かけがえのない演奏の原理だと感じている。彼にはそのような一体感を感じさせることが太鼓を演奏する自分の使命なのだと言う。だから、ちょっとやそっとの困難などを理由にやめてなどいられないのである。

同様に、美雪も太鼓を一つの音楽芸術として観ていて、太鼓芸術ほどいろいろな側面をもっている芸術はないと考えている。つまり太鼓は、音やリズムばかりでなく、奏者の肉体的な動きの美、衣装、芸術作品としての太鼓、舞台装置、照明、観客に与える効果、そして太鼓音楽に関係する人たちの感情、考え方等々、さまざまな側面を内包している。その包括性が美雪にとっては至上の醍醐味で絶対に飽きることはないのだという。

このように、二人には太鼓とは一生離れられない理由があるようだ。少なくともこれから二年は続けて、二〇一九年に無限響結成二十五周年を迎えたいと、はっきりとした目標を立ててそれに邁進しているようである。そして、その時、これまで関わってきた人たち、さまざまな形で支援してくれた多くの人たちに感謝の意を表したい。そのためにも、もう一度日本へ行きたいという。

私はその年には八十歳になるのだが、無限響とともにその年を迎えたい。それまでベビーシッターの仕事をやめるわけにはいかないだろう。彼らの太鼓が世界中に無限に響き渡っていてほしいと切に願っている。

# エピローグ　福島うねめ太鼓との親善共演――二〇一七年

二〇一二年、無限響は東日本大震災のために一年延期されていた日本の太鼓フェスティバルに参加した。そして二〇一四年には第二子マイロも誕生し、美雪は二人の子の母親になっていた。

私の母は秋田県で生まれたが、後、福島県に移り、福島師範を出て福島県内のあちこちの小学校で教師を勤めていた。そこで結婚して長女として私が生まれ、終戦を郡山市で迎えたが、私が七歳の時、父方の実家を頼って群馬県館林市に引っ越してきた。それからの母は五人になった子供の世話と館林市の小学校教師に復帰したこともあって、福島の方にはなかなか行けないでいた。けれども福島県での教え子たちは決して私の母のことを忘れず交信を続けていた。福島県の特産物などを送ってくれたりしていて、子供の私も感心していた。

その母が二〇一一年の大震災の日の三日後に九十三歳で他界した。その時私は日本にいたのだが、忙しさに紛れて母が世話になっていた昔の教え子たちに母の死を知らせることができないでいた。そして、そのことは母の没後ずっと気になっていた。

母の三回忌が終わった頃、母が住んでいた家を売りに出すことになり、私もその代金の五分の一を遺産の一部としてもらえることになった。田舎にある母の家は思いのほか安普請で、五分の一の分け前は大した金額ではなかったが、それを母に最後まで親切に見守ってくれた教え子達への感謝の気持をつたえることに使えないかと考えた。

ある時ハッと思いついた。日本では太鼓が盛んだと聞いている。おそらく福島県にも太鼓をやっている子供たちがたくさんいるに違いない。そんな子供たちをスコットランドに招待して母の孫である美雪の無限響と合同親善コンサートをするというのはどうだろう。

二〇一四年に里帰りをした時、地元の新聞、福島民報社に電話し、「福島県にある太鼓グループを紹介してください」と頼んだ。すると、「私が福島県太鼓連盟の会長です。渡辺と言います」と電話の主が言った。私は知らなかったのだが、福島県は特に太鼓が盛んで毎年全国大会で一、二を争うほどなのだという。渡辺さんは、「郡山市にうねめ太鼓というグループがあります。そのグループを推薦します」と言った。

うねめ太鼓のうねめは「采女」で宮中の女官という意味なのだそうだ。郡山市には采女にまつわる悲話がある。奈良時代に安積《あさか》の里（現在は郡山市）に住む春姫という女性の美しさを見初《みそ》めた奈良の葛城王が春姫を采女として召すように命じた。春姫は王の命に従うしかなかったが、彼女には許婚《いいなずけ》がいた。何年も春姫は許婚を恋しく思い、ついに奈良の猿沢の池に身を投じたと見せかけて安積の里にようやく戻った。しかしその頃には既に許婚も家族も亡くなっており、春姫は絶望のあまり許婚の入水したとされる山の中の池に身を投じたという話なのである。この伝説にちなんで郡山市ではうねめ祭りを一九六三年から続けている。一九九三年には三十周年を記念して太鼓グループが結成された。それが「うねめ太鼓」である。

私は早速郡山市を訪れ、「うねめ太鼓」の会長さんに会い、私の考えを説明した。結成の由来からグループは女性が主で、会長や幹事など皆女性である。最初は戸惑ったようだったが、スコットランドで演奏できるのは名誉なことであるといい、快く承知してくれることになった。

「うねめ太鼓にはシニアグループとジュニアグループがあります。実はジュニアグループが非常に優秀なので、このグループを行かせます」

しかし、ジュニアグループは中学、高校生なので学校との折り合いもつけねばならず困難が予測された。

無限響にも問い合わせてみた。無限響は私のアイデアには賛成したものの、演奏のスケジュールは一年前か時には二年前に決まっているのが普通なので、急にやりましょうと言われても劇場が確保できるかわからないと答えてきた。日本の学校が休みの時期にスコットランドで劇場を確保し、なおかつ無限響の演奏可能な日を見つけなければならないのだ。その調整は大変な苦労であった。

ようやく無限響から、二〇一七年三月十八日付で会場を確保したと連絡があった。日本の学校は春休みの時期だ。

ところが、ここで問題が起きた。うねめ太鼓は二〇一五年の全国大会で優勝している。二〇一六年の全国大会でも優勝すると、日本での優勝コンサートの日と重なってしまうことがわかった。全国大会の結果を待つしかなかった。結局、うねめ太鼓は二位だった。連覇できなかったことは残念だったが、今回のスコットランド行きのチャンスを逃すと、次の機会はないかもしれないし、うねめ太鼓が希望していたスコットランドの学校訪問もできることを伝えて、渡英の準備をお願いした。

日本出発は中学校の卒業式翌日の三月十四日に決まった。演奏会当日の十八日はスコットランドでは土曜日で、最も観客を集めやすい日である。日曜日だったら半減するのである。

私はこの企画をどうしても成功させたいとの思いが日増しに強くなっていった。亡き母もきっと喜んでくれるに相違ない。出身地の福島県郡山市の女性中心の太鼓グループが自分の孫娘がスコットランドで立ち上げた太鼓グループと共演するのだ。こんな話はめったにあるものではない。

私は、このプロジェクトのことが新聞記事になり、母の教え子の誰かの目にとまれば、それが感謝の気持を表すことになると思っていた。そのために母の遺産をプロジェクトの費用の一部にあてたのである。

私は何度もうねめ太鼓の本拠地郡山市に足を運んだ。中、高校生ならば外国旅行にもなれていないだろうし、未知の国スコットランドへ来ることに不安もあるだろう。何でも相談にのろうと、私なりの心配りをしたが、うねめ太鼓は以前トルコをはじめいくつかの国から招待されており、外国旅行に慣れていた人もいたようだ。

最終的に、演奏者七人、太鼓の先生ご夫妻、うねめ太鼓会長、幹事二人、合計十二人で九日間の遠征となった。


三月十四日、一行は成田空港からアムステルダム経由でエジンバラに向かって出発した。

私が一番心配したのは食べ物である。自分の好きなインスタント食品を持ってくるようにアドバイスしていたのだが、結局は何も心配することはなかった。食事係のニールは、朝は普通のスコットランド人の食事のようにパンとシリアルと牛乳をたくさん用意しておいたのだが、シリアルには全然手をつけなかったものの、パンはおいしいという。行きつけのパン屋さんのオーナーは若い時フランスで修行してパン屋を営んでいた。みんなパクパクとよく食べてくれた。

それ以上に感心したのは、会長、幹事の二人の女性の働きぶりだ。若い団員たちも交代で台所の手伝いはするが、実に手際がいい。朝早く起きて、福島から持ってきたお米を炊き、ごはんを食べたい人にはご飯、パンを食べたい人にはパンを食べさせ、残りはランチ用にとおにぎりを作るのだ。

日が進むにつれてゆったりとランチ作りをしている時間がなくなってきた。店で買ってきたサンドイッチでランチをすますこともあったが、そんな時でもおいしいと食べてくれた。

レストランでのディナーは、到着した日とエジンバラに行った日の二回。演奏後で疲れている時に、時間をかけて食事するのはどうかとも思われたが、海外経験として楽しんでいるようだった。

太鼓の練習は、着いた翌日から始ったが、初日から渡辺徳太郎先生は厳しく叱っていた。

「こんなんじゃ舞台になんか立たせられない！」

着いたばかりで時差ボケもあるし大変だろうと思うのだが、先生はそんなことには頓着しないらしい。

最初に郡山市で遠征隊と懇談会を開いた時、私は「みなさん、英会話を勉強するのも忘れないでくださいね」と言ったのだが、それは半分冗談のつもりだった。スコットランドでは、英語と日本語が分かるのは私と美雪の二人だけなのでさぞかし大変だろうと覚悟していた。しかし、その心配もすぐ吹っ飛んでしまった。

遊び仲間が大勢到着したと勘違いしたバックスターとマイロが興奮してはしゃぎ回り、この二人を何とか手なずけようと、うねめ太鼓の六人の女性、一人の男性が懸命に英語を使おうとしていたのだ。子供相手ではそう簡単ではないが、恥をかくなどと恐れなければなんでも通じてしまうらしい。二日目からはバックスターとマイロは朝、目がさめるとすぐ、「ガールズがいるところに連れていって！」と私たちを起こしにくるのである。バックスターは小学一年生、毎日学校がある。マイロも週に三日は保育園に行く。彼らも毎日忙しいのだ。しかし、朝学校へ行く前や、夜寝る前にわずかの時間を見つけてはじゃれついている。

そのうちマイロの誕生日が三月二十三日だけれども、うねめ太鼓の人達が来ているのでパーティができないというようなことがうねめ太鼓の人達に知れることとなった。そしてマイロのためにバースディ・パーティをやろうということになった。ニールと美雪は自分の子供の個人的なパーティを彼らの貴重な時間をさいて祝うなどということは申し訳ないことだと言っていたのだが、偶然にもうねめ太鼓の会長さんともう一人うねめ太鼓の団員の女の子の誕生日がマイロの誕生日と前後してあるのだという。それで、簡単にディナーの時にプレゼントなしの三人の合同バースディ・パーティをしようということになった。その日は、うねめ太鼓と無限響のメンバーとの合同練習日でもあったので、無限響の人たちにも参加するように呼びかけ、皆に一品づつ何か食べ物をもってきてくれるように頼んだ。

その日は私も頑張ってちらし寿司を作ることにし、皆に大喜びされた。他の人達もいろいろ食べ物を持ってきたので、豪勢な食事になった。ケーキもニールが小さいのを三つパン屋さんから買ってきて、一つ一つに年の数だけローソクを立て、バースデーソングは三回歌った。マイロにとってはプレゼント無しのパーティだったけれど、大勢のガールズに囲まれ興奮して本当にうれしそうだった。会長さんはこんな風にして祝ってもらったことがないといって涙を拭いていた。うねめ太鼓の団員のバースディ・ガールも恥ずかしそうに、でも嬉しそうにしていた。

こんな風にして子供達との英会話の体験をしているうちに団員の中には上手な英語を使う者もでてきた。三日目、四日目ともなると、うねめ太鼓の人たちも、演奏以外にスコットランドの中学生、高校生、演劇専門学校の生徒たちと交流することもあり、ある生徒などはたどたどしいながら英語を使ってうまく交流をしていたようだ。後から、徳太郎先生から、「住所を交換したか？」などと冷やかされていた。

演奏当日は、二時間のうち無限響と道場メンバーが十一曲、うねめ太鼓が三曲受け持ち、最後の曲を無限響とうねめ太鼓が合同で共演するというプログラムに組んであったのだが、その曲も練習しなければならない。

「そのためのいい曲があるよ。勇駒っていうんだが、オレが教えるよ」と徳太郎先生は自信たっぷりにおっしゃる。

二日目、三日目の二日間は午前中はうねめ太鼓、午後は無限響、そして夜は合同で練習と強行軍で、側で見ていて、誰か病気にでもなって倒れないかとハラハラしていたが、そんな心配は全く不要で、全員皆よく耐えていた。

無限響が演奏する主な曲は得意とする屋台囃子、狐太鼓、八丈などだったが、うねめ太鼓は、元気のいい流鏑馬《やぶさめ》やうねめ太鼓の成立の元になった春姫の話を太鼓の曲にした安積山という曲だ。この曲で何度か優勝したことがあるだけあって、複雑な動きもきびきびとしていて、さすが若い演奏家という印象を受けた。最後には無限響とうねめ太鼓で勇駒という曲を演奏する予定になっていたので、その練習にも力が入った。

三月十八日、演奏当日、早めにグラスゴーのイースト・キルブライト・ヴイレッジ劇場に向かった。バックスターもマイロも土曜日なので、勇んで行った。マイロの友達レオも同行した。途中で騒がれたり、泣かれたりしたらすぐ外に連れ出せるようにと、私がバックスター、ベビーシッターのエイリーンがマイロ、レオは彼のお母さんが子守番となり、出口に近いところに席をとった。

演奏が始まった。バックスターとマイロは遊び友達になったガールズたちが舞台の上で太鼓をたたく姿にすっかり見ほれてしまっていた。レオも太鼓の演奏は初めてなのにマイロの隣でおとなしく坐っていた。徳太郎先生が二日間で教えた勇駒も大成功に終わった。特に最後の曲は、そんなに難しい曲でもなさそうだったが、観客を盛り上げる演奏になり、曲が終わった時、観客は全員総立ちになった。演奏が非常に感動的であると、観客はただ拍手で終わらせるのではなく、立ち上がって拍手をする。これをスタンディング・オーベーションという。私は何度もスタンディング・オーベーションを観てきたが、観客全員が立ち上がるという光景は見たことがない。うねめ太鼓の人たちにとってもこれは初めての経験だったに違いない。ニールと美雪も自分のことのように喜んだ。せっかく福島から招いたのであるから、どうしてもこの演奏

グラスゴーでのうねめ太鼓と無限響の共演ステージ（2017年）

撮影：ヴィヴ・コットン

うねめ太鼓の渡辺徳太郎先生にインタビューする美雪

日本の太鼓をニールにプレゼント

松永大介総領事を
囲んで
エジンバラのレスト
ランで

エジンバラのセント・ジョーンズ教会で演奏するうねめ太鼓（2017年）

演奏後、うねめ太鼓と無限響メンバーで記念撮影

会を成功に終わらせたかったのだから。

うねめ太鼓遠征隊の最初の演奏は大成功に終わった。ほっとするのもつかの間、次々と予定はつまっていた。最初の演奏会場はグラスゴーだったが、スコットランドの首都であるエジンバラからも演奏依頼があった。スコットランドの総領事松永大介さんが奇しくも福島県いわき市出身だったので、今回のイベントにえらく感激し、是非、エジンバラでも演奏してほしいと希望してきたのだ。場所はセント・ジョーンズ教会で、一時間の演奏をするように取り計らってくれた。ここでの演奏も大変な人気であった。この教会では以前に無限響が何度も演奏したこともあって、馴染みの客もかなりいた。かかった経費は領事館が引き受けてくれたので、入場料は無料にし、支援金の寄付を募った。集まったお金は二十万円以上にも達し、無限響とうねめ太鼓は、教会の推薦もあったのでそれを東アフリカ飢饉で孤児になった子供たちへの支援として寄付することにした。


うねめ太鼓遠征隊がスコットランドに行くことになった時、日本語を話せるのが私と美雪の二人だけだったので、二人だけで通訳の役目がやり切れるかと非常に心配していたのだが、思いがけないところから助っ人があらわれた。ロンドンの南の方に住んでいるリーラという女性である。

職業は教師なのだが、二十年前、日本の田舎に興味を持ち、ＪＥＴプログラムに応募し福島県の本宮市に落ち着くことになった。リーラさんはことのほか太鼓に興味を持ち、安達太良太鼓グループに属して太鼓の勉強に励んだ経験のある人だ。当時、渡辺徳太郎先生は安達太良太鼓の指導者だったので、グループのメンバーたちは、たびたび渡辺さんのお宅で練習をしたり、会食をしたりしていた。渡辺ご夫妻は、リーラさんをご自分の娘のように可愛がっていたので、リーラさんはほとんど毎日のように渡辺家に入り浸っていたという。太鼓も二年間みっちり渡辺先生に特訓を受けた。そして太鼓も上手になり、日本語もペラペラになってイギリスに帰ってきた。しかし、二十年前のイギリスで和太鼓をやっている人は彼女の住んでいたロンドンの南の方には誰一人いなかったし、理解者を得ることも不可能だったので、太鼓の方はそのままになってしまっているのだという。ロンドンの南の方の田舎の学校で教師の仕事を見つけ、それから結婚し、子供も二人いる。けれども二十年間渡辺先生との交流は続けていた。今回渡辺先生率いるうねめ太鼓がスコットランドに来るというニュースを聞きつけ、無限響に連絡してきた。

「渡辺先生には大変お世話になったんです。何か手伝わせてください」

リーラを自分の娘と思っている渡辺先生も奥様も大喜びだった。

「日本語できるかなあ、あれから全然話すチャンスなどなかったからね」

リーラはそう言っていたが、話し出すと最近まで日本にいたかのように日本語を忘れていない。

彼女の存在は私にとっても大助かりだった。彼女が「先生ご一行の案内は私にさせて下さい」と言ってくれてからは、私はうねめ太鼓の人たちといつも一緒に行動しなくてもよくなった。そのかわり、私は後に残って、皆が帰ってきた時すぐ食事ができるようにすることになった。通常の泊まり込みのワークショップの時には一応ニールが食事の責任者なのだが、今回は相手が日本人なので、勝手がわからず戸惑いを感じていたらしい。彼自身ほとんど毎日うねめ太鼓の人たちに付き添って学校を訪問したり、演奏を一緒にしたりしていたので、実際には食事のことなどを考える時間もなかったので、私が代わりにディナーの担当になって、万事うまく事は運んでいった。

最後の晩餐会は、無限響の道場の食堂でフィッシュ・アンド・チップスを食べることにした。私はスコットランドで食べるフィッシュ・アンド・チップスはいつもおいしいと思う。フィッシュにはハドック(haddock)という魚が使われる。スコットランドの北海でとれるらしく、いつも新鮮だ。チップスに使うジャガイモもスコットランド産の馬鈴薯である。

うねめ太鼓の遠征隊も皆おいしいと言って喜んでくれた。特に徳太郎先生はこんなにおいしいフィッシュ・アンド・チップスは食べたことがないと言って自分の分はペロリとたいらげ、奥さんの分までつまむほどだった。さんざんフィッシュ・アンド・チップスを食べて、その後は用意していたケーキやらアイスクリームも食べ、バックスターやマイロもすっかり友達になったうねめ太鼓の団員の一人一人を順番に回り、団員は一言二言英語で会話を交わしては笑っていた。

こんな騒ぎで最後のパーテイは終わるのかなーと思っていたら、徳太郎先生が突然に立ち上がった。ビールもたくさん飲んでいたのに、しっかりした口調で、最後の挨拶をしたいと言った。全然予期していなかったことなのでびっくりした。皆に静かにするように言って、徳太郎先生の挨拶を聞くのだが、今回の遠征が大成功に終わったことに対してのお礼と同時に自分はイギリスの食事に対しての偏見があったけれど、それは全くの誤解で毎回とても美味しかったというコメントをしてくださった。それには私もホッとしたが、食事の責任者のニールにとっても本当にうれしいことだったに相違ない。

自分の挨拶が終わると、うねめ太鼓の団員、会長、幹事のすべての人たちに挨拶を促した。皆それぞれ素直に自分の印象や学んだことを言ったが、美雪がそれを英語で通訳し、ニールにもよくわかるようにした。

ニールも最後に英語で挨拶したが、その挨拶にも彼の感動があふれ出ていた。まず、うねめ太鼓が来る前は想像もつかないことだったが、全てがスムーズに行ったのには驚いたと正直だ。特にこのような外部からのグループが集まった時の食事の責任者はニールなので、今回のように出演者が自分たちの食事を自分たちで準備をしたこともニールには驚きであった。さらに、食事の後に皆がそろって後片付けをし、皿を洗い、床まで綺麗にするのは二重、三重の驚きであった。いままでスコットランド人の集まりでは床まで掃除するなどとは考えられないし、経験したこともないと言った。これも美雪によって日本語に訳され、うねめ太鼓の人たちはそんなコメントにかえって恐縮しているようだった。

最後の子供たちとの英語での交流も果てしなく、英語がかなり使えるようになった団員もいたようだ。ボーイズ（バックスターとマイロ）もガールズ（うねめ太鼓）との別れを惜しみ、なかなか寝付かれなかった。

三月二十二日、一行は日本への帰途についた。

日本への帰国には私も同行したのだが、最初の頃の心配や不安はすっかり消えていた。荷物を一つ二十キロになるように測り合ったり、実に慣れたものであった。

成田空港には出迎えのバスが待っていた。父兄も何人か来ていた。誰も病気にもならず、大成功に終わったことを迎えの人たちに伝える様子をみて、初めて終わったんだーと実感した。

こんなプロジェクトは二度と計画できないだろうなと思った。同時にわずかながらでも遺産を残してくれた母親に感謝、だまって承知してくれた娘の美雪と無限響の人たちへの感謝、私のプロジェクトに対して、協力してくれたうねめ太鼓の人たちへの感謝の気持がどーっと押し寄せてきて、それが自然に涙になって流れるのだった。

後日、福島民報を見せてもらったのだが、私の母の死、その追善供養としての日本とスコットランドの親善共演という主旨には一言も言及されていなかった。そのことはとても残念だったが、福島の人たちはスコットランドへ行って、スコットランドの子供、生徒たちと交流し、震災からの復興は皆さんのおかげですと一言舞台の上で言えたことについては多分母も喜んでくれただろうと思う。それで私も満足としなければならない。この共演が、無限響の二十五周年記念の一環として日本を再び訪問したいという希望目標に近づく手助けになればいいと願っている。

# あとがき

　現在スコットランドの片田舎で奮闘している無限響という和太鼓グループが、どうやって作られ、二十五年間どんな活動をしてきたのか。このことを広く伝えたいという気持がずっと私のなかにありました。

　当事者である美雪とニールが自分たちの記録として書き残すのが最良なのでしょうが、二人は無限響を維持するのに精一杯で、とてもそこまでは手が届かないのが現状なのです。

　といって、私が書いていいものか迷いました。私は身内ではあっても、無限響のメンバーではないし、彼らの歩んできた道をすべて知っているわけではないからです。しかし、外から見ていたからこそわかることもあるようにも思いました。

　さんざん悩んだあげく、無限響の物語を書こうと決心しました。

　それからが大変でした。無限響の記録と私の記憶を整理し、書き出してはみたものの、美雪たちに確認してみると私が間違って記憶していることも多く、書き直したり、付け加えたりすることの繰り返しでした。私はワシントンから何度もスコットランドへ飛び、忙しくしている美雪やニールに時間をとってもらいました。膝をつき合わせて話し出すと、楽しかったことや苦しかったことが次々に思い出されてきて、話は尽きないのですが、ひと区切りつけてまとめたのが本書です。

芙蓉書房出版の平澤さんには、説明の足りないところ、不明確なところを何度も指摘していただきました。また、ディキンソン孝子さんにも何度も読んでいただき調整をしていただきました。どうもありがとうございました。

著　者
**ウイリアムス春美《はるみ》**
1939年(昭和14年)福島県生まれ。青山学院大学卒業後、中学校の英語の教師になる。1968年(昭和43年)にイギリス人と結婚。結婚後アメリカ、インドネシア、マレーシア、イギリスに住み、1976年からアメリカのワシントンD.C.に定住。1982年(昭和57年)にジョージタウン大学大学院を卒業し、その後ジョージタウン、アメリカン、ハワード大学で日本語を教える。1997〜1998年(平成9〜10年)、イギリスにて代替医療について学び、以後アメリカにて代替医療に携わり、太極拳をシニアセンターやスポーツセンターなどで教える。
著書に、『ぶらりあるき幸福のブータン』(2011年)、『ぶらりあるき天空のネパール』(2012年)、『ぶらりあるきチベット紀行』(2013年)、『ぶらりあるきビルマ見たまま』(2015年)、『ぶらりあるきメコンの国々』(2016年、以上、芙蓉書房出版)、『母なるインド』(芙蓉書房、1970年)がある。また、上毛新聞に「アメリカ向こう三軒両隣」を9回連載(1982年)、ワシントンコミュニティーニュースレター「さくら通信」に戦争体験者へのインタビュー「あの頃」を7回連載(2005年)。

スコットランドに響く和太鼓
——無限響(MUGENKYO) 25年の物語——

2017年11月15日　第1刷発行

著　者
ウイリアムス春美《はるみ》

発行所
㈱芙蓉書房出版
(代表 平澤公裕)
〒113-0033東京都文京区本郷3-3-13
TEL 03-3813-4466　FAX 03-3813-4615
http://www.fuyoshobo.co.jp

印刷・製本／モリモト印刷

ISBN978-4-8295-0724-7

## あの頃日本人は輝いていた
### 時代を変えた24人

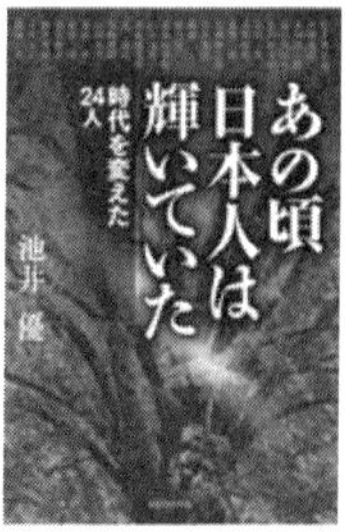


池井 優著　本体 1,700円

日本人に夢を与え、勇気づけた24人のスーパースターたちの挫折と失敗、そして成功までのストーリーを数々のエピソードを交えて紹介。

政界、財界、スポーツ、文学、映画、音楽など、ワクワク、ドキドキした感動と興奮の記憶がよみがえってくる。

## 黒澤明が描こうとした山本五十六
### 映画「トラ・トラ・トラ！」制作の真実

谷光太郎著　本体 2,200円

山本五十六の悲劇をハリウッド映画「トラ・トラ・トラ！」で描こうとした黒澤明は、なぜ制作途中で降板させられたのか？　黒澤、山本の二人だけでなく、20世紀フォックス側の動きも丹念に追い、さらには米海軍側の悲劇の主人公であるキンメル太平洋艦隊長官やスターク海軍作戦部長にも言及した重層的ノンフィクション。

## ダライ・ラマとチベット
### 1500年の関係史

大島信三著　本体 2,500円

現在の14世と先代13世を中心に、古代チベット王国までさかのぼって歴代ダライ・ラマの人物像を描く。明治・大正期にチベットを目指した河口慧海、能海寛、寺本婉雅、成田安輝、青木文教、多田等観、矢島保治郎らも取り上げる。